[POP SONG] ① 팝송영어 에세이 ENGLISH ESSAY

서용득

YOUNG

팝송 영어 에세이 ①

초판인쇄	2018년 4월 5일
초판발행	2018년 4월 10일
저자	서용득
발행인	나영옥
발행처	도서출판 **영**
주소	경기도 고양시 일산서구 탄현로 133, 113동 1404호(탄현동, 일산임광진흥아파트)
전화	031) 904-7905~6
팩스	031) 904-7907
등록번호	825-90-00389
E-mail	youngpub@naver.com
ISBN	979-11-88743-41-4 93740

정가 15,000원

CONTENS

들어가면서

우리가 살아가면서 듣게 되는 소리에는 여러 가지가 있습니다. 우리는 자연의 소리, 인간을 포함한 동물의 소리와 악기를 포함한 기구나 기계 소리 등 다양한 소리에 대해 크게 의식하지 못하지만 소리는 무의식적으로 우리의 삶에 영향을 끼치고 있습니다. 이 가운데 가장 소중한 소리는 인간의 목소리일 것입니다. 소리 가운데 아름다운 소리를 음악이라고 일컫습니다. 인간의 목소리에 한정해서 생각해볼 수 있는 노래에는 혼자서 부르는 노래, 둘 이상이 부르는 노래 그리고 여럿이 함께 부르는 합창도 있습니다.

노래를 들으면서 우리는 각자에게 주어진 삶의 여정을 이어갑니다. 우리말로 된 노래도 감동을 주고 다른 언어로 된 노래도 감동을 줍니다. 감동이 노래가 주는 가장 큰 느낌일 것입니다. 이 감동은 노래를 듣는 사람의 살아오면서 겪은 경험과 그 사람이 처한 상황 등이 복합적으로 작용하여 나타날 것입니다. 노래는 다양한 호흡의 일부분이긴 하지만 노래에는 느낌이 담겨져 있습니다. 이런 느낌은 인간의 정서를 그대로 반영하고 있다고 볼 수 있습니다. 이런 노래 가운데 우리가 흔히 듣고 있는 영어로 된 노래 가운데 대표적인 노래가 팝송일 것입니다. 다양한 팝송들이 시대의 변천에도 계속 이어져 오고 있습니다. 팝송은 인간이 살아가면서 부닥치면서 겪게 되는 인간의 생각과 느낌들이 반영된 결과일 것입니다.

우리가 영어로 된 팝송을 들을 때 단순히 노래의 흐름으로 듣는 경우가 많습니다. 그렇지만 노래의 흐름뿐만 아니라 노래 가사의 뜻을 함께 생각하면서 노래를 듣게 되면 훨씬 더 팝송 속으로 빠져들게 될 것입니다. 시도 마찬가지이지만 팝송의 소리와 의미는 손등과 손바닥과의 관계와 마찬가지로 뗄레야 뗄 수 없는 공생관계입니다.

이 책은 '사랑'을 주제로 한 팝송의 의미를 생각하면서 동시에 영어 발음으로서의 소리를 이해한 후 제대로 팝송이 들릴 수 있도록 친절하게 설명하고 있습니다. 더 나아가 이 책에서는 팝송에 나타난 영어 표현을 제대로 이해하고 다양하게 활용할 수 있는 길도 제시되고 있습니다. 팝송을 소리로 제대로 이해하고, 뜻으로 제대로 이해하면서 영어 이해도 하는 것이 이 책의 목적입니다. 그리고 팝송을 영어로서 다루고 있으면서 제대로 된 영어 소리를 들을 수 있는 방법과 동시에 주어진 팝송을 통해 이런 저런 생각을 해볼 수 있는 기회를 갖기 위해 에세이 형식으로 팝송에 대해 줄글을 덧붙여 놓았습니다. 우리가 팝송을 제대로 듣고 이해하면서 그 팝송이 나의 삶의 과정에 어떤 의미를 제공할 때 비로소 제대로 팝송을 듣는다고 할 수 있습니다.

팝송을 제대로 듣기 위해 처음에는 노래의 전체 분위기를 알기 위해 처음부터 끝까지 한 번 들어봅니다. 그리고 나서 두 번째 들을 때는 영어 소리를 제대로 듣고, 내용을 파악하는데 중요한 내용낱말(content words) 중심으로 듣습니다. 마지막에 영어 소리와 노래 가사를 동시에 음미하면서 노래의 분위기에 흠뻑 빠져보는 것입니다. 그러니까 적어도 하나의 팝송을 세 번은 관심을 갖고 주의깊게 들어야 팝송을 제대로 감상할 수 있습니다.

아울러 팝송을 영어 수업 시간에 적용하면 영어 학습에 대한 동기유발도 가져올 수 있고, 영어에 대한 관심도 더 높일 수 있을 것입니다. 유튜브(youtube)에 접속하여 팝송을 듣게 되면 영상과 함께 팝송을 더 재미있게 그리고 잘 즐길 수 있을 것입니다.

책속에 나오는 sb는 somebody(어떤 사람, 누구)를 나타내고 sth은 something(어떤 것, 무엇)을 나타냅니다. 그리고 팝송의 한글 옮김에서 구두점(句讀點)은 노래의 자연스러운 흐름을 고려하여 표기하지 않았습니다.

pop song English essay ①

PART

팝송영어 소리를 제대로 듣는 요령

영어는 음절언어(syllable language)인 한국어와 달리 고저언어(pitch language)입니다. 음절언어는 낱말의 길고 짧은 형식으로 이어져가는 반면, 고저언어는 낱말의 높낮이로 이어져갑니다. 한국 사람들이 영어로 소리를 내거나 영어 소리를 들을 때 이 점을 놓치고 있기 때문에 제대로 영어 발음을 하거나 영어 듣기를 할 때 어려움이 뒤따르는 것입니다. 시작부터 제대로 영어 소리를 들어야 하는데, 그렇지 못한 경우가 대부분이어서 저는 안타깝게 생각합니다.

영어를 들을 때 들려오는 내용을 모두 들으려고 하면 번번히 실패하게 되고, 나중에는 듣는 것 자체를 포기하는 경우가 더러 있습니다. 고저언어인 영어의 내용을 파악하기 위해 크게 들려오는 소리인 내용낱말(content words)을 중심으로 내용을 파악하려고 해야 합니다. 그래야만 영어를 들을 때 지치거나 포기하지 않게 되고 반복적으로 영어를 듣는 습관을 갖게 되면 차츰 영어의 내용을 이해하게 됩니다.

우리가 영어 소리를 듣거나 말을 할 때 우리의 예측－표기된대로 듣거나 말해야 될 것으로 생각하고 있는 현상－을 벗어난 경우에는 우리로 하여금 영어 소리를 이해하는데 큰 어려움이 뒤따릅니다. 그러니까 눈으로 보이는 영어와 귀로 듣고 말로 하는 영어가 차이가 나는 현상을 규칙으로 만들어 놓았는데, 그것을 음변화 또는 음운변화(sound changes)라고 합니다.

영어 소리를 들을 때 정상적인 속도나 조금 빨리 들리는 소리의 경우 어떤 소리는 이웃 철자와 닮기도 하고, 이어지기도 하고, 없어지기도 하고 또한 주의해서 소리를 들어야 할 경우도 있습니다. 이런 현상을 음변화 또는 음운변화라고 합니다. 영어의 음변화에는 이어지는 소리(연결), 닮는 소리(동화)와 없어지는 소리(탈락)가 있습니다. 그 외에 영어를 듣거나 발음해야 할 때 유의해야 할 것으로 줄어진 소리(축약)와 주의해서 듣거나 발음을 해야 하는 경우로 나누어 볼 수 있습니다. 음변화는 규칙이기 때문에 다음에 설명하는 내용을 이해하고 스스로 연습을 하게 되면 영어를 제대로 들을 수 있게 됩니다.

01 이어지는 소리(연음)

영어에서 두 가지 이상의 낱말이 이어져 나올 경우에 두 개의 낱말이 서로 붙어서 소리가 나는 경우가 많습니다. 두 개의 낱말이 서로 붙어서 소리가 나게 되는 이어지는 소리 즉, 연음(連音; linking, liaison) 또는 연결(連結)에는 자음이동과 약모음이동의 두 종류가 있습니다. 두 개가 한 개로 붙어서 소리가 나기 때문에 영어가 외국어인 우리나라 영어발음 학습자들에게는 이런 소리를 이해하는데 힘들 수밖에 없습니다. 특히 중요하지 않은 낱말의 철자가 붙어서 소리가 나는 것 때문에 중요한 내용 낱말을 놓치는 경우가 대부분입니다.

이어지는 소리 현상은 대부분의 한국 영어 학습자들에게 힘들게 하는 영어 발음이라고 할 수 있습니다. 그런데 이 현상도 규칙이기 때문에 현상을 이해하고 어느 정도 연습만 하고 나면 그렇게 힘든 것이 아님을 알게 될 것입니다.

1) 자음이동

자음이동(子音移動; consonant transfer)은 가까이 있는 두 개의 낱말이 이어져 나올 경우 앞 낱말의 끝 철자가 뒤에 있는 낱말의 앞에 가서 붙어 소리가 나는 현상입니다. She works in London.에서 works의 끝에 있는 자음 's'가 그 뒤에 있는 in의 앞으로 가서 붙어 소리가 나는 현상입니다. 그러니까 '웍스 인'이 아닌 '웍신'으로 발음됩니다. 이런 예문들은 다음과 같습니다.

It'**s** ↷ **on** sale today.
That's very kin**d** ↷ **of** you.
It depend**s** ↷ **on** the weather.
Is ↷ **it** all right i**f** ↷ **I** smoke?
A nurse work**s** ↷ **in** ↷ **a** hospital.

그런데 'kind of'의 경우, 자음이동이 되어 '카인더브'로 되는 경우도 있고, 나중에 설명이 되겠지만 'nd'에서 'd'가 'n'을 닮아 콧소리가 되는 현상으로 '카이너브'로 발음이 되는 경우도 있습니다. 그리고 앞 낱말의 끝부분이 모음인 경우-대개 모음 e가 나오는데- e가 거의 약하게 들리게 되어 무시된 채 모음 e 앞에 있는 자음이 뒤에 나오는 낱말 앞에 가서 붙어 소리가 나는 경우도 더러 있습니다. 자음이동은 곧 이어 나올 약모음이동과 방향이 반대입니다.

2) 약모음이동

약모음이동(弱母音移動; weak vowel shift)은 두 개의 낱말이 이어져 나올 경우, 가까이 있는 두 개의 낱말에서 뒤에 있는 낱말의 앞부분에 있는 철자인 약모음[ə]이 앞에 있는 낱말의 뒤에 가서 붙어 소리가 나는 현상입니다. 자음이동과 방향이 반대입니다. Are you i**n a** hurry?에서 뒤에 있는 낱말의 약모음 **a[ə]**가 앞에 있는 낱말에 붙어서 '인 어'가 아닌 '이너'로 소리가 나는 현상입니다.

I ha**ve** ↶ **a** headache.
Children cannot swi**m** ↶ **a**lone.
Why don't we ta**ke** ↶ **a** break?
Should I li**ve** ↶ **a**lone or wi**th** ↶ **a** roommate?
Sorry I didn't answer the phone righ**t** ↶ **a**way.

02 닮는 소리(동화)

닮는 소리는 동화(同化; assimilation)라고 합니다. 닮은 소리는 가까이 있는 두 개의 소리가 서로 닮아서 다른 소리로 나는 것을 일컫습니다. 닮는 소리에는 네 가지 현상 즉, 단타음화, 구개음화, 비음화와 역행동화가 있습니다. 모은 영어 소리가 이런 현상이 있는 것은 아니지만 미국영어(American English)에서 두드러지게 나타나는 현상입니다.

1) 짧게 치고 나오는 소리되기

짧게 치고 나오는 소리되기는 단타음화(單打音化; Flapped "t")라고 불리어지기도 합니다. 짧게 치고 나오는 소리되기는 철자 t(tt)나 d(dd)가 강한 모음(강모음)과 약한 모음(약모음) 사이에 놓이게 되면 t도, d도, r도 아닌 소리가 납니다. 강한 모음은 기본 모음인 a, e, i, o, u가 제대로 음을 내어 소리를 내는 것입니다. 약한 모음은 기본 모음이 약하게 소리를 내는 것으로 주로 [ə]로 소리를 내는 것입니다. 한 개의 영어 낱말에서 모음에 강세를 받게 되는데, 여러 개의 모음이 있다할지라도 한 개만 강하게 소리를 내고 다른 모음은 약하게 소리를 냅니다. I walk much better than I ride!에서 better는 '베터'가 아닌 '베러'에 가깝게 발음됩니다. 그리고 He is climbing a ladder.에서 ladder는 '래더'가 아닌 '래러'에 가깝게 발음됩니다. 짧게 치고 나오는 소리인 경우 한글로 표기할 수 없는 발음이지만, 영어로는 'r'로 표시합니다. 이런 음변화는 미국영어에서 자주 나오는 현상입니다. 이 현상을 익히려면 소리를 내어 발음연습을 해보고 듣는 방법 이외에는 다른 길이 없습니다.

Drink a lot of water (wat⌒er).
I got⌒a job in a clothing factory.
I get⌒up early to catch the first train.
I'm looking for a battery (bat⌒tery) for this camera.
Are you getting (get⌒ting) ready for the party (part⌒y)?

2) 구개음화

닮은 소리 가운데 하나인 구개음화(口蓋音化; palatalization)는 두 가지 즉, d[d]와 y[j]가 합쳐지면 [ʤ]로 소리가 나는 경우([d]+[j]=[ʤ])와 t[t]와 y[j]가 합쳐지면 [ʧ]로 소리가 나는 경우([t]+[j]=[ʧ])가 있습니다. 그런데 이 두 가지의 경우로만 발음되는 것은 아니고 따로 따로 발음을 하는 경우도 있습니다. Did you have a good weekend?에서 Did you의 d[d]와 y[j]가 이어져 나오면서 합쳐져 소리가 나게 되면 '디더 유'로 발음되기 보다 '디쥬'에 가깝게 발음됩니다. 그리고 What about you?에서 about you의 t[t]와 y[j]가 이어져 나오면서 합쳐져 소리가 나게 되면 '어바웃 유'로 발음되기 보다 '어바 우츄'에 가깝게 발음됩니다. 이런 현상은 미국영어(American English)에 좀 더 두드러진 현상입니다. 특히 팝송의 경우 대부분 이 소리 현상이 지켜지는 경우가 대부분입니다.

Di**d** ⌒ **y**ou see that?
How di**d** ⌒ **y**ou get there?
Coul**d** ⌒ **y**ou tell me where the bank is?
What kind of bread woul**d** ⌒ **y**ou like?
When di**d** ⌒ **y**ou go to the gym on Saturday?

I know wha**t** ⌒ **y**ou mean.
Why don'**t** ⌒ **y**ou call her?
You play football, don'**t** ⌒ **y**ou?
I'll mee**t** ⌒ **y**ou at your house.
Aren'**t** ⌒ **y**ou going to see a movie tomorrow?

3) 콧소리되기

닮는 소리에서 콧소리되기 즉, 비음화(鼻音化; nasalization)는 철자 nt가 붙어 있는 경우에 해당됩니다. What kind of art?에서 콧소리되기는 'nt'에서 뒷소리 't' 앞에 있는 콧소리 'n'을 닮아 콧소리로 되는 현상입니다. 'nt'에서 't'는 앞에 있는 콧소리

'n'을 닮아서 'n'으로 변하여 'nn'이 된다. 'nn' 'n'이 두 번 겹쳐 나오기 때문에, 앞의 'n'은 탈락됩니다. 따라서 'nt'는 'n'으로 발음된다. 'nt'음이 반드시 이렇게 되는 것은 아니지만, 일상적인 구어체에서 많이 들을 수 있는 현상입니다.

그런데 'nt'만이 콧소리로 되는 것은 아니고 'nd'도 콧소리로 되는 경우가 가끔씩 있습니다. 그 이유는 't'나 'd'는 같은 위치에서 소리가 나는 무성음과 유성음이기 때문입니다. 그리고 don't나 doesn't의 경우 바로 뒤에 자음으로 시작되는 낱말이 놓이기 때문에 't'가 탈락될 수도 있습니다.

It was disappoi**nt**ing.

The man is pai**nt**ing a picture.

You've always wa**nt**ed to work overseas.

I have an appoi**nt**ment every week at this time.

This is a nice party, is**n't** it? Everyone is so friendly.

What ki**nd** of work do you do?

She's ki**nd** of tall with brown hair.

I'm not desperate to fi**nd** a job at the moment.

Do you mind le**nd**ing me this book? I'd like to read it.

Yeah I do a lot of cooking. I ki**nd** of enjoy it. It helps me relax.

4) 역행동화

닮는 소리 현상 가운데 역행동화(逆行同化; retro-assimilation)는 뒷소리의 영향을 받아 앞의 소리가 바뀌면서 닮는 현상입니다. 여기에는 let me~와 give me~의 경우가 있습니다.

(1) let me~의 경우

Let me introduce myself.에서 let me의 경우에는 let의 't'가 me에 있는 'm'의 영향을 받아 'lem'으로 변합니다. 따라서 lemme로 되는 현상입니다. 이

상태에서 표기되기도 하지만, 소리는 'mm'이 겹치기 때문에 앞의 'm'이 탈락되어 '레미'에 가깝게 발음됩니다.

Let me see.
Let me see your receipt.
Let me get you some aspirin.
I don't know, let me take a look.
Just let me have a look at her schedule.

(2) give me~의 경우

Can you give me his phone number?에서 give me의 경우에는 give에서 끝에 있는 모음 e는 본래 소리가 약해 잘 들리지 않습니다. 그래서 give의 'v'가 me에 있는 'm'의 영향을 받아 'gim'으로 변합니다. 따라서 gimme로 변하는 현상입니다. 이 상태에서 표기되기도 하지만, 소리는 'mm'이 겹치기 때문에 앞의 'm'이 탈락되어 '기미'에 가깝게 발음됩니다.

Give me another part.
Could you give me a ride?
Could you give me the address?
Just give me a tuna fish sandwich.
Can you give me an example of that?

03 없어지는 소리(탈락)

없어지는 소리는 탈락(脫落; deletion)이라고 합니다. 없어지는 소리는 네 가지 경우에 일어납니다. 첫째, k/g, p/b, t/d가 자음과 자음 사이에 놓이면 없어져 버립니다. 둘째, 가까이 있는 두 개의 낱말 또는 한 개의 낱말에서 같은 철자가 이어져 나오게 되면 앞에 있는 철자가 없어집니다. 셋째, 두 개의 낱말에서 가까이 있는 두 개의 철자 발음이 비슷하면 앞에 있는 철자가 없어집니다. 넷째, 두 개의 낱말에서 가까이 있는 두 개의 철자가 다르지만 발음이 같으면 앞에 있는 철자가 없어집니다. 이 네 가지가 없어지는 소리 현상입니다.

1) k/g, p/b, t/d가 자음과 자음 사이에 있는 경우

It depends.에서 depends의 경우에는 뒷부분에 있는 'd'가 소리나지 않습니다. 영어 소리를 낼 때 여섯 개의 철자 k/g, p/b, t/d가 자음과 자음 사이에 놓이면 없어집니다. k/g, p/b, t/d가 파열음(破裂音)으로 발음을 할 때 갑자기 터져 나오는 소리이기 때문에, 발음을 할 때 철자와 철자 사이에 공기를 넣어줄 시간이 없게 됩니다. 대부분의 자음은 모음과 더불어 사이좋게 가까이 놓여 있어 자음과 모음 모두 제대로 소리를 낼 수 있는데, 세 개의 자음이 연이어 나오는 경우에는 결국 사이에 있는 자음이 치일 수밖에 없습니다. 더더구나 이 여섯 개의 철자의 왼쪽과 오른쪽에 자음이 있기 때문에 어쩔 도리가 없이 소리내기가 힘들어져 아예 소리를 내지 못하게 됩니다. 이런 음변화는 영어 발음에서 자주 나오는 것이기 때문에 꼭 알고 있어야 합니다.

Than**k**s!
I visited my gran**d**children.
Could I take nex**t** Monday off?
Some of the studen**t**s did very well.
We hope you all have a very merry Christmas.

2) 가까이 있는 두 개의 낱말 또는 한 개의 낱말에서 같은 철자가 겹치게 되는 경우

I think I went twice.에서 went의 't'와 twice의 't'의 경우에 앞의 't'는 탈락이 됩니다. 이와 같이 가까이 있는 두 개의 낱말 또는 한 개의 낱말에서 같은 철자가 이어져 나오게 되면 앞에 있는 철자가 없어집니다. 영어에서 똑같은 두 개의 철자가

이어져 나올 때 앞의 철자가 생략하여 발음하게 됩니다. 한국어의 된소리는 영어에서 제대로 소리가 나지 않는다는 뜻이 됩니다. 이런 탈락은 한 낱말 안에서도 있을 수 있겠지만, 두 낱말이 이어져 나올 경우에도 해당이 됩니다.

We went swi**m**ming.

The lamp is nex**t** to the table.

Jane stays at home wi**th** the baby.

Wha**t** time was the conference call?

I wan**t** to know the results of the election.

3) 두 개의 낱말에서 가까이 있는 철자의 발음이 비슷한 경우

When did the package arrive?에서 did와 the의 경우에 did의 'd'[d]와 the[ðə]의 [ð]가 발음이 비슷하여 앞의 the가 탈락됩니다. 두 개의 낱말에서 가까이 있는 철자의 발음이 비슷하면 앞에 있는 철자가 없어집니다. 이런 경우 단순히 철자가 비슷한 경우가 많지만, 결과적으로 소리가 비슷한 경우에 해당된다고 보는 것이 더 알맞을 것 입니다. 이런 탈락 현상은 주로 자음 두 개가 연이어 있을 때 일어나는 경우가 대부분입니다.

Why i**s sh**e happy?

They ha**d t**o leave yesterday.

Have you me**t the** new manager?

I just me**t the** new board members.

The cleaner's is nex**t d**oor to the bank.

4) 두 개의 낱말에서 가까이 있는 철자가 다르지만 발음이 같은 경우

Police say.에서 Police의 'ce'[s]가 발음되고, say의 's'와 같은 발음이 되기 때문에, 앞의 'ce'가 탈락되어 '폴리 세이'에 가깝게 발음됩니다. 이와 같은 현상은 영어에서 드문 경우입니다. 이 경우는 두 개의 낱말에서 가까이 있는 철자가 다르지만 발음이 같으면 앞에 있는 철자가 없어집니다. 이런 경우는 없어지는 소리 현상인 탈락이긴 하지만 영어에서 드물게 나옵니다.

I've lived here sin**ce S**eptember 1st.

He has not seen her sin**ce S**aturday.

I stayed home and watch**ed t**elevision.

They've been so kind to me sin**ce S**ara died.

I'm sure he will have arriv**ed d**owntown by now.

04 줄어진 소리(축약)

일반적으로 우리가 영어의 모든 음을 하나하나 분리하야 또렷하고 분명하게 소리를 내는 것은 아닙니다. 이런 경우 언어의 경제성 때문에 줄여서 소리를 내는 경우가 많습니다. 줄어진 소리 또는 줄인 소리는 축약(縮約; contraction)이라고도 합니다. 이것은 낱말의 일부를 아포스트로피(')(apostrophe)를 찍고 줄여서 소리를 내는 현상입니다.

줄어진 소리의 경우, 우리가 잘 아는 경우와 같이 Be 동사, Have 동사나 부정형 등과 같이 일반적으로 줄이는 경우—I am=I'm, You are=You're, He is=He's, She is=She's, I/He/She was not=I/He/She wasn't, You/We/They were not=You/We/They weren't, He has=He's, She has=She's, He have=He've, She have=She've, They have=They've, Here is not=Here isn't, There is not=There isn't, Here are not=Here aren't, There are not=There aren't, I/You do not=I/You don't, She/He does not=She/He doesn't—등이 있고, 낱말의 일부를 줄이는 경우— because='cause, madam 또는 madame=ma'am —등 또는 소리가 나는대로 발음하는 경우—I don't know-I dunno— 등과 이어지는 발음을 하는데 어려움이 있기 때문에 줄이는 경우—doing=doin', and='n, I miss them=I miss 'em—등과 도우미동사(조동사)를 줄이는 경우—I/He/She/We/They will=I/He/She/We/They'll, He will not=He won't, I could not=I couldn't, She should not=She shouldn't—등이 있습니다.

줄어진 소리 가운데 가장 어려운 발음은 '~'ll'의 경우입니다. 그 이유는 여기에 있는 철자 'l'이 우리나라 발음에는 없는 소리이면서, 영어에서 제대로 소리를 내려고 하면 혀를 입천장에 붙여서 소리를 내야 하기 때문에, 가장 어려운 축약 현상 가운데 하나가 되고 있습니다.

How**'re** you doing?

I**'d** like a single room, please.

That**'s** OK. Do**n't** worry about it.

I**'ll** pick you up on Friday, around 7: 30.

Well, there**'s** a jazz concert at Jack**'s** Place.

05 주의해야 할 발음

영어에서 주의해야 할 발음으로 tr~과 dr~ 소리의 경우, wh~ 소리의 경우, can과 can't의 경우, have to, has to와 had to의 경우, used to의 경우, 허물없이 발음하는 경우, one of~ 등의 경우와 도우미동사(조동사)의 과거+have+동사의 과거분사의 경우에 주의해서 발음을 해야 하는 경우가 해당됩니다.

1) tr~과 dr~ 소리의 경우

(1) tr~발음의 경우

'tr~'의 발음은 '츠'와 '추'의 중간쯤 되는 소리로 '츄'에 가깝게 발음됩니다. 아마도 'tr~'은 두 자음이 이어져 나오기 때문에 발음을 하려다 보면 't'와 'r'의 거리가 상당히 멀리 떨어져 있기 때문에, 그 두 소리의 중간쯤을 발음하려고 하는 경향이 있을 것입니다. 우리나라에서 한글로 표기할 때는 '트ㄹ~'로 하고 있습니다. 가령 trip은 '츄립'이 아니라 '트립'으로 표기한다는 뜻입니다.

We planted a screen of tall **tr**ees.

Try to do without tobacco and alcohol.

Muscles con**tr**act and relax during physical activity.

I've been in **tr**ouble since I was eleven years of age.

EU citizens can now **tr**avel freely between member states.

(2) dr~발음의 경우

'dr~'의 발음은 '드'와 '주'의 중간쯤 되는 소리로 '쥬'에 가깝게 발음됩니다. 아마도 'dr~'은 두 자음이 이어져 나오기 때문에 발음을 하려다 보면 'd'와 'r'의 거리가 상당히 멀리 떨어져 있기 때문에, 그 두 소리의 중간쯤을 발음하려고 하는 경향이 있을 것입니다. 우리나라에서 한글로 표기할 때는 '드ㄹ~로' 하고 있습니다. 가령 drip은 '쥬립'이 아니라 '드립'으로 표기한다는 뜻입니다.

Her face was **dr**ipping with sweat.

Would you care for another **dr**ink?

He crashed into a tree in **dr**iving rain.

The air smelled powerfully of **dr**y dust.

The money is safely locked in a **dr**awer.

2) wh~ 소리의 경우

'wh~'로 시작되는 영어 발음은 우리가 실제 알고 있는 것과 다르게 들립니다. 'wh~'로 시작되는 낱말은 'w' 뒤에 있는 'h'의 소리가 보통 들리지 않습니다. 그러니까 where의 발음은 '훼어'로 들린다기 보다 '웨어'에 가깝게 들린다는 뜻입니다. 여기에 해당되는 것으로 what, why, when, which와 white 등이 있습니다. 그러나 사람과 관련된 who, whose, whom은 예외로 'h'의 소리가 나서 who의 경우 '후'라고 발음하지 '우'라고 발음하지 않습니다.

Why did he do it?

Which is the shortest day of the year?

Stop bothering me **wh**en I'm working.

It will certainly be a **wh**ite Christmas for some.

Who does this watch belong to?

So **wh**ose party was it last night?

"I want to send a telegram."-"Fine, to **wh**om?"

3) can과 can't의 경우

can과 can't는 구별하여 소리를 내야 합니다. can과 can't는 기능낱말(기능어)이기 때문에 약하게 발음합니다. 그런데 can이 문장의 끝에 오는 경우에는 [kæn]으로 발음하고, 글의 중간에 들어가는 경우에는 [kən]과 같이 약하게 소리가 납니다. 그리고 can't의 뒤에 낱말이 오는 경우 can't에 있는 't'가 자음과 자음 사이에 놓이기 때문에 탈락하게 됩니다. 따라서 can과 구별하기 위해 can't는 [kæn]으로 발음하거나 [kænt]로 발음됩니다. 일반적으로 can은 약간 짧게 발음되고, can't는 약간 길게 발음되는 경향이 있습니다.

Can I sit next to you?

Can I ask a favour of you?

I wonder if you can help me.

We **can't** be together all the time.

Don't tell me you can't remember.

You can't mix business with pleasure.

4) have to, has to와 had to의 경우

have to는 '~해야 한다'라는 뜻으로 발음은 [hæftə]로 하고, 과거형인 had to는 [hætə]로 발음해야 합니다. 특히 had 새의 최종 발음은 'd'와 't'가 비슷한 소리이기 때문에 앞의 'd'가 탈락되어 뒤의 't'만 발음됩니다. has to의 경우에는 [hæstə]로 발음이 됩니다.

You don't **have to** sing.
Did she have to pay a fine?
When do you have to let them know?

One of them **had to** leave.
They finally had to admit defeat.
The plan had to be abandoned on grounds of cost.

She **has to** do her homework tonight.
The design has to appeal to all ages and social groups.
The customer has to deposit a minimum of $100 monthly.

5) used to의 경우

used to는 '~하곤 했다'라는 뜻으로 발음은 [justə]입니다. 이것은 사람의 어떤 행위가 과거에 규칙적으로 이루어진 반복적인 어떤 것을 말하는데, 지금은 더 이상 하지않는 행위나 상황을 말하거나 변한 과거의 상태에 관해 이야기할 때 쓰입니다. 이것은 과거에는 옳았던 그 무엇이 이제 더 이상 옳지 않음을 뜻합니다. used to 다음에 단순 동사가 뒤따릅니다.

She **used to** cook every day.
He **used to** play in the garden.
Kids **used to** trade baseball cards.
I admit I can't see as well as I **used to**.
They **used to** visit her grave twice a year.

6) 허물없이 발음하는 경우

허물없이 발음하는 경우에 세 가지가 있습니다. 이것은 want to를 wanna로, going to를 gonna로, 그리고 trying to를 tryna로 발음하는 경우입니다. 그런데 이 가운데 tryna는 그렇게 자주 사용되고 있지 않지만 앞의 다른 두 가지와 같은 현상이기 때문에 익혀 두면 도움이 될 것입니다.

(1) wanna의 경우

wanna는 want to가 음변화를 통해 미국영어에서 대부분의 사람들이 사용하고 있는 것입니다. want to에서 want의 't'가 뒤에 있는 to의 't'와 같은 철자이기 때문에 없어지게 되고(wan), to의 't'가 앞에 있는 wan에서 콧소리인 'n'을 닮아 'n'으로 되고, 'o'는 약모음인 [ə]로 되는데, 약모음 [ə]가 표기하는데 불편함이 있어 a로 해놓은 것으로 볼 수 있습니다. 따라서 want to는 wanna로 된 것입니다. 이 변화 과정은 want to→wan to→wan nə→wannə→wanna입니다. 이 현상은 going to가 gonna로 되고, trying to가 tryna로 되는 것과 같습니다. 일반적으로 want to로 표기되어 있어서 실제 발음을 하거나 입말체에서는 대부분 wanna로 발음합니다.

Do you **wanna** get a prize?
Do you **want to** go with me?
I don't **wanna** send the money.
What do you **wanna** do tonight?
Wanna play with me and my friends tonight?

(2) gonna의 경우

gonna는 going to가 음변화를 통해 이루어진 것입니다. going to에서 going의 'ing'는 발음상 하기 힘들기 때문에 줄여서 'in''으로 하여 'g'를 발음하지 않습니다. 그리고 to의 't'는 앞 goin'의 'n'과 만나면 콧소리인 'n'을 닮아 콧소리로 되기(비음화) 때문에 'n'으로 됩니다. 그 다음 goin' nə는 발음상 불편하기 때문에 gonne로 발음된다. 그리고 마지막 gonne에서 'e'는 일반적으로 표기하는데 불편하기 때문에 그냥 표기하기에 좋은 'a'로 남겨둔 것입니다. 일반적으로 going to로 표기 되어 있어도 입말체에서는 대부분 gonna로 발음됩니다. 따라서 going to가 gonna로 된 것입니다. 이 변화 과정은 going to→goin' to→goin' nə→gonnə→gonna입니다. 이 현상은 want to가 wanna로 되고, trying to가 tryna로 되는 것과 같습니다.

He's **gonna** be twelve.

I'm **gonna** call the cops.

I'm **going to** go to the post office.

She's **going to** go away next summer.

I'm **going to** ask my husband which one he wants!

(3) tryna의 경우

tryna는 trying to가 음변화를 통해 이루어진 것으로 격식을 차리지 않는 입말체에서 사용되는 것입니다. trying to에서 trying의 'ing'는 발음상 하기 힘들기 때문에 줄여서 'in''으로 하여 'g'를 발음하지 않습니다. 그리고 to의 't'는 앞 tryin'의 'n'과 만나면 콧소리인 'n'을 닮아 콧소리로 되기(비음화) 때문에 'n'으로 됩니다. 그 다음 tryin' nə는 발음상 불편하기 때문에 trynna로 발음됩니다. 그리고 마지막 tryna에서 'n'이 겹치기 때문에 앞의 'n'이 탈락되어 tryna로 됩니다. 아마도 이것은 발음을 하는데 자연스럽게 하기 위해 tryna로 한 것으로 생각해 볼 수 있습니다. 따라서 trying to가 tryna로 된 것입니다. 이 변화 과정은 trying to→tryin' to →tryin' nə→trynna→tryna입니다. 이 현상은 want to가 wanna로 되고, going to가 gonna로 되는 것과 같습니다. 그런데 tryna는 wanna나 gonna의 경우와 비교가 되지 않을 정도로 영어에서 드물게 나타납니다.

The man is **tryna** get a taxi.

Well, I'm **trying to** find a new job.

Are you **trying to** do a British accent?

I guess I see what you're **trying to** say.

We're still **trying to** appraise the two firms.

7) one of~ 등의 경우

One of~의 경우 빨리 소리를 내게 되면 of의 'f'는 자음 앞에서 탈락하게 됩니다. 따라서 of의 발음이 '어브[əv]'이기 때문에 결과적으로 of의 발음은 '어[ə]'로 됩니다. 그리고 이와 같은 현상은 All of~, None of~, Some of~, Most of~나 Many of~경우에도 똑같이 적용될 수 있습니다.

It's **one of** my many mistakes.
This city is still **one of** the world's best.
I always think of you as **one of** the family.

These are trying times for **all of** us.
Some of these pills don't mix with drink.
Many of the stories are based on rumour.
None of us is entirely blameless in this matter.

8) 도우미동사(조동사)의 과거+have+동사의 과거분사의 경우

주의해야 할 발음 가운데 도우미동사(조동사)+have+과거분사(past principle)의 경우—주로 과거에 일어난 그 무엇에 대해 시기적으로 너무 늦어 상대방의 과거의 행위에 대해 충고가 별 도움이 되지 않을 경우—처럼 겉으로 보기에 세 개의 낱말이 나열되어 있다 할지라고, 한 박자에 맞추어야 하기 때문에 have를 ''ve'로 줄여서 약하게 발음해야 합니다. 또는 표기는 줄여져 있지 않더라도 실제 발음을 할 때는 줄여서 발음해야 합니다. 예를 들면 could have been은 could've been, must have taken은 must've taken, might have been은 might've been, ought to have known은 ought to've known으로 그리고 should have listened는 should've listened 등으로 소리를 내야 합니다.

You must have met my older brother.
(=You **must've met** my older brother.)

You ought to have asked John to help.

(=You **ought to've** asked John to help.)

He could have said that, I don't remember.

(=He **could've said** that, I don't remember.)

I might have gotten here on time, if the bus hadn't been late.

(=I **might've gotten** here on time, if the bus hadn't been late.)

If I had seen the advertisement in time I would have applied for the job.

(=If I had seen the advertisement in time I **would've applied** for the job.)

이 책의 각 팝송에서 '* 영어 발음 제대로 듣거나 말하기' 코너는 1. 이어지는 소리(연음)의 경우—1) 약모음 이동, 2) 자음 이동—, 2. 없어지는 소리(탈락)의 경우, 3. 닮는 소리(동화)의 경우, 4. 줄어드는 소리(축약)의 경우와 5. 주의해야 할 발음 순서로 소개되고 있습니다.

이 책의 각 팝송에서 '* 영어 발음 제대로 듣거나 말하기' 코너에서 한글로 설명을 할 때 '가깝게 발음된다'라는 뜻은 한국말에는 없지만 영어로는 발음이 된다는 뜻입니다. 소리 내어 영어로 하면 제대로 발음할 수 있지만, 한글로 정확하게 표기할 수 없다는 뜻으로 이해하면 될 것입니다. 특히 영어에는 있지만 한국말에 없는 소리나 발음은 대부분의 한국 영어 학습자들은 제대로 교육을 받지 않으면 틀리는 경우가 대부분입니다.

pop song English essay ①

PART

마주 치는 팝송

Will You Still Love Me

Sung by Chicago

Take me as I am
Put your hand in mine now and forever
Darling here I stand, stand before you now
Deep inside I always knew

It was you, you and me
Two hearts drawn together bound by destiny
It was you and you for me
Every road leads to your door
Every step I take forever more

Just say you'll love me for the rest of your life
I gotta lot of love and I don't want to let go
Will you still love me for the rest of my life?
'Cause I can't go on
No, I can't go on
I can't go on
If I'm on my own

Take me as I am
Put your heart in mine, stay with me forever
'Cause I am just a man who never understood
I never had a thing to prove
There was you
You and me
Then it all came clear so suddenly
How close to you that I wanna be

Just say you'll love me for the rest of your life
I gotta lot of love and I don't want to let go

ill you still love me for the rest of my life?
'Cause I can't go on
No, I can't go on
I can't go on
If I'm on my own

Do you believe a love could run so strong?
Do you believe a love could pass you by?
There was no special one for me
I was the lonely one, you see
But then my heart lost all control
Now you're all that I know

Just say you'll love me for the rest of your life
I gotta lot of love and I don't want to let go
Will you still love me for the rest of my life?
'Cause I can't go on
No, I can't go on
I can't go on
If I'm on my own

I can't go on
(Can't go on)
No, I can't go on

'Cause I can't go on
(Will you still love me?)
No, I can't go on
(Just say you'll love me)

I can't go on without somebody
I could call my own

'Cause I can't go on
(Will you still love me?)

No, I can't go on
(Just say you'll love me)
Just stay around

'Cause I can't go on
(Will you still love me?)
No, I can't go on
(Just say you'll love me)

I can't go on
You could say you love

'Cause I can't go on
(Will you still love me?)
No, I can't go on
(Just say you'll love me)

Just stay around
You'll never be alone

여전히 당신이 나를 사랑해 주시겠어요

시카고의 노래

지금 있는 그대로의 나를 받아 주세요
지금 그리고 영원히 당신의 손이 내 손을 잡아주세요
내 사랑, 난 여기 서 있어요 지금 바로 당신 앞에
마음 속 깊이 난 언제나 알았어요

당신이었어요, 당신 그리고 나
두 마음이 운명적으로 함께 한데 모였어요
그건 당신이었고 그리고 나를 위한 당신이었어요
모든 길은 당신의 문으로 향하고
내가 내딛는 모든 걸음이 영원히 더 많이

당신의 남은 인생 동안 단지 날 사랑하겠다고 말해주세요
난 넘치는 사랑을 받고 있어서 당신을 놓치고 싶지 않아요
나의 남은 인생 동안 당신이 나를 사랑해 주시겠어요?
난 살아갈 수 없으니까요
그래요, 난 살아갈 수 없어요
난 살아갈 수 없어요
나 혼자서는 말이죠

지금 있는 그대로의 나를 받아 주세요
나와 함께 영원히 당신의 마음이 나의 마음과 함께 하게 해주세요
왜냐하면 난 결코 이해되지 않았던 단지 나이기 때문에
난 결코 내세울 것도 없는 사람이었어요
당신이 있었고
당신과 나
그리고 모든 게 너무나 갑자기 분명해졌어요
내가 얼마나 당신과 가까워지고 싶은지

당신의 남은 인생 동안 단지 날 사랑하겠다고 말해주세요
난 넘치는 사랑을 받고 있어서 당신을 놓치고 싶지 않아요
나의 남은 인생 동안 당신이 나를 사랑해 주시겠어요?
난 살아갈 수 없으니까요
그래요, 난 살아갈 수 없어요
난 살아갈 수 없어요
나 혼자서는 말이죠

사랑이 아주 강해질 수 있는지를 당신은 믿고 있나요?
사랑이 당신을 스쳐 지나갈 수 있는지를 당신은 믿고 있나요?
나에겐 특별한 사람은 없었어요
당신도 알다시피 난 외로운 사람이었어요
하지만 그 당시 내 마음은 모든 통제력을 잃어버렸어요
이제 내가 아는 건 당신이 전부라는 거예요

난 살아갈 수 없어요
(살아갈 수 없어요)
그래요, 난 살아갈 수 없어요

왜냐하면 난 살아갈 수 없으니까요
(당신이 날 사랑할 거죠?)
그래요, 난 살아갈 수 없어요
(당신이 날 사랑한다고만 말해줘요)

난 누군가 없이 살아갈 수 없어요
난 내 것이라고 할 수 있어요

왜냐하면 난 살아갈 수 없으니까요
(당신이 날 사랑할 거죠?)
그래요, 난 살아갈 수 없어요
(당신이 날 사랑한다고만 말해줘요)
머물기만 해요

왜냐하면 난 살아갈 수 없으니까요
(당신이 날 사랑할 거죠?)
그래요, 난 살아갈 수 없어요
(당신이 날 사랑한다고만 말해줘요)

난 살아갈 수 없어요
당신이 사랑한다고 말할 수 있잖아요

왜냐하면 난 살아갈 수 없으니까요
(당신이 날 사랑할 거죠?)
그래요, 난 살아갈 수 없어요
(당신이 날 사랑한다고만 말해줘요)

머물기만 해요
당신은 결코 혼자 있을 수 없을 거예요

* 영어 발음 제대로 듣거나 말하기

1) 이어지는 소리(연음)의 경우

(1) 약모음 이동

just a, had a, believe a, stay around

just a에서 a가 약모음 [ə]가 되어 앞 낱말 끝부분에 가서 붙어 '저스터'로 발음된다. had a와 believe a도 마찬가지 경우이다. stay around인 경우에는 around의 a가 약모음 [ə]가 되어 앞 낱말 끝부분에 가서 붙어 발음된다.

(2) 자음 이동

as I, hand in, rest of, heart in

as I에서 as의 자음 s가 뒤에 있는 낱말 앞부분에 가서 붙어 '애자이'로 발음된다. hand in에서 hand의 자음 d가 뒤에 있는 낱말 앞부분에 가서 붙어 '핸딘'으로 발음된다. rest of에서 rest의 자음 t가 뒤에 있는 낱말 앞부분에 가서 붙어 '레스터브'로 발음된다. heart in에서 heart의 자음 t가 뒤에 있는 낱말 앞부분에 가서 붙어 '하틴'으로 발음 된다.

2) 없어지는 소리(탈락)의 경우

stand before, bound by, Just say, don't want, can't go, could run, could pass, But then, heart lost, could call, Just stay

stand before에서 stand의 d는 자음 n과 before의 자음 b 사이에 놓이기 때문에 탈락되어 '스탠 비호' 또는 '스탠 버호'에 가깝게 발음된다. 이와 같이 자음과 자음 사이에 놓이는 여섯 개의 파열음인 철자—k/g, p/b, t/d—사이에 놓여 탈락되는 예로 bound by, Just say, don't want, can't go, could run, could pass, heart lost, could call, Just stay가 해당된다.

But then은 But의 t[t]가 then의 th[ð]과 비슷한 발음이기 때문에 앞에 있는 t가 탈락되어 '버 덴'에 가깝게 발음된다.

3) 닮는 소리(동화)의 경우

Put your, gotta, lot of

Put your에서 Put의 t[t]와 your의 y[j]가 합쳐져 서로 닮아서 [tʃ]로 바뀌어 '푸츄어'에 가깝게 발음된다. 따라서 이런 현상은 영국영어(British English) 보다 미국영어(American English)에서 자주 나타나는 현상이다.

gotta에서 t(t)가 강모음과 약모음 사이에 놓이면 단타음(單打音)으로 되어 t도, d도 r도 아닌 발음이다 gotta는 '가러'에 가깝게 발음된다. 이 소리는 한글로 정확히 표기 할 수 없으며 오직 소리로만 익힐 수밖에 없다. 특히 미국영어(Americna English)에서 두드러진 현상이다. lot of도 마찬가지 경우이다.

4) 줄어진 소리(축약)의 경우

you'll, don't, 'Cause, can't, I'm, you're

도우미동사(조동사)의 경우인 you'll, 부정형인 don't와 can't, be 동사의 경우인 I'm와 you're가 있다. 이 가운데 you'll에서 'll이 한국인이 발음하기에 가장 힘든 예이다. 그 이유는 'll은 will의 줄인 형태인데 'll'이 한국어에 없는 발음으로, 'l'은 혀를 입천장에 붙여서 소리를 내야 하는데, 한국어에는 이렇게 소리를 내는 것이 없기 때문이다.

'Cause는 Because의 줄어진 형태이다.

5) 주의해야 할 발음

before, step, wanna, can't, stay, control

before는 [bɪfɔ:]라고 발음하는 경우가 많지만 [bəfɔ:]라고 발음하는 경우도 더러 있다. 한 개의 영어 낱말을 소리 낼 때 모음 중심으로 생각하면 된다. 모음 가운데 한 개만 강하게 발음하고 다른 모음 또는 모음들은 약모음인 [ə]로 발음하여 듣기에 자연스럽게 느껴지면 그렇게 발음하면 된다. before의 경우 [befə]와 [bəfɔ:]로 각각 발음하다 보면 [bəfɔ:]가 자연스럽게 들린다. 그렇기 때문에 [bəfɔ:]로 발음하는 경우도 종종 들을 수 있다. 이런 낱말에는 behind, below와 beneath 등이 있다.

step와 **st**ay에서 s+k/p/t가 되면 된소리에 가깝게 소리가 난다. 대부분 k/p/t가 들어간 낱말은 h가 들어가는 소리를 내게 되는데, s+k/p/t의 경우는 h 소리가 들어가지 않고 된소리에 가깝게 발음된다. 그러니까 step은 '스뗍'에 가깝게, stay는 '스떼이'에 가깝게 발음된다.

wanna는 허물없이 발음하는 경우의 예이다. wanna는 want to인데 입말체에서 '완터 투'로 발음하지 않고 '와너'로 발음하고, want to로 표기가 되어 있더라고 말을 할 때는 wanna로 발음하는 경우가 대부분이다. want to에서 wanna로 바뀌는 과정은 '팝송 영어 소리를 제대로 듣는 요령'에 나와 있는 설명을 참고하기 바란다.

can't는 can과 마찬가지로 도우미동사로 기능낱말이기 때문에 약하게 발음한다. 그런데 can't 다음에 자음이 나오기 때문에 탈락되는 경우가 대부분이어서 can은 [kən]으로 can't는 [kæn]으로 발음하기로 약속이 되어 있다. 그런데 can이 문장 가운데 들어가는 경우가 [kən]으로 주로 발음되고 문장의 끝에 들어가는 경우에는 [kæn]으로 발음되는 경우가 대부분이다. can't는 기본적으로 [kæn]으로 발음되면서 can 보다 약간 길게 발음되는 경향이 있다.

con**tr**ol에서 'tr~'의 발음은 '츠___'와 '추'의 중간쯤 되는 소리로 '츄'에 가깝게 발음된다. control은 '컨트롤'이라기 보다 '컨쵸롤'에 가깝게 발음된다.

* 팝송에 들어 있는 쓸모 있는 영어 표현들

1. as I am: **as I am**은 '내가 그러하듯이'라는 뜻으로 쓰인다. 이것은 현재 있는 그대로의 나의 모습이라고 할 수 있다. 그러니까 '현재의 내 모습'이 될 수 있을 것이다.

2. drawn together: **draw together**는 '한데 모으다[모이다]; …을[를] 단결[협력]시키다'라는 뜻으로 쓰인다. 이 노래에서는 '두 개의 마음이 한 데 모이다'라는 뜻은 '끌리는 두 개의 마음은'으로 이해하면 될 것이다. 예문들은 다음과 같다.

   The women began to **draw together**
   (그 여자들은 모이기 시작했다.)

   The two ships gradually drew together.
   (두 개의 배가 차츰 접근했다.)

   An army of about 1, 000 men was drawn together.
   (약 천명의 군대가 소집되었다.)

3. bound by destiny: **by destiny**는 '운명적으로, 운명에 따라'라는 뜻이다. 예문들은 다음과 같다.

   I had to marry with him **by destiny**.
   (나는 운명적으로 그와 결혼해야만 했다.)

   We haven't met by chance, we've met by destiny.
   (우리는 우연히 만난 것이 아니라, 운명적으로 만났다.)

   Some actions are believed to occur by chance or by destiny.
   (몇 가지 동작들은 우연히 또는 운명적으로 일어난다고 믿어진다.)

4. Every step I take forever more: 여기서 Every step I take는 평범한 문장으로 I take every step으로 된다. **take a step**은 1) '(발)걸음을 떼다, 걸음을 내디디다'와 2) '조치를 취하다'라는 뜻으로 주로 쓰인다. 이 노래에서는 1)의 뜻으로 쓰인다.

1)의 예문들은 다음과 같다.

I **took a step** toward him.

(나는 그에게 한 걸음 다가갔다.)

He took a step towards the door.

(그가 문을 향해 걸음을 떼었다.)

We need a push to take the first step.

(우리는 첫 발을 내딛기 위해 분발할 필요가 있다.)

2)의 예문들은 다음과 같다.

We are **taking steps** to prevent pollution.

(우리는 공해를 방지하기 위한 조치들을 취하고 있다.)

It is like adding oil to the fire to take such a step.

(그런 조치를 취하는 것은 불난 데 부채질하는 것과 같다)

He promised to take a series of step after the incident.

(그는 그 사건 이후 일련의 조치를 취하겠다고 약속했다.)

5. let go: **let go**는 let sb go로 쓰여 1) '~를[을] 풀어 주다[석방하다], 가게 내버려 두다'와 2) '~를[을] 해고하다'로, let sb/st go로 쓰여 3) '(손으로 잡고 있던 것을)놓다'와 4) '(생각 · 태도 · 장악하고 있던 것을) 버리다[포기하다]'와 let sth go로 쓰여 5) '(집 · 정원 등을 돌보는 것을) 그만두다'라는 뜻으로 쓰인다. 이 노래에서는 1)의 뜻으로 쓰이고 있다.

1)의 예문들은 다음과 같다.

Will they **let** the hostages **go**?

(그들이 인질을 풀어 줄까?)

You just have to let go of him.

(당신은 그냥 그를 보내줘야 해.)

No matter what happens, don't let go.

(무슨 일이 생긴다 하더라도 보내지 마라.)

2)의 예문들은 다음과 같다.

Business was slack and many employees were **let go**.

(불경기 탓으로 많은 종업원들이 해고됐다.)

Hearing the words "you've been let go" is never easy.

("당신은 해고 됐습니다"는 말을 듣는 것은 결코 쉽지 않습니다.)

They're having to let 100 employees go because of falling profits.

(그들이 수익 감소 때문에 백 명의 직원을 해고해야 할 것이다.)

3)의 예문들은 다음과 같다.

Don't **let** the rope **go**.

(밧줄 놓지 마.)

Don't let go of the rope.

(밧줄 놓지 마.)

Let go! You're hurting me!

((이 손) 놔! 아프단 말이야!)

4)의 예문들은 다음과 같다.

It's time to **let** the past **go**.

(이제 과거는 버려야 할 때이다.)

It's time to let go of the past.

(이제 과거는 버려야 할 때이다.)

I let go of the hate, the rage and the envy.

(나는 미움과 노여움 그리고 부러움도 버렸다.)

5)의 예문은 다음과 같다.

I'm afraid I've **let** the garden **go** this year.

(올해는 정원 가꾸는 일을 그만두어야 할 것 같다.)

6. go on: **go on**은 '시작하다, 계속하다[되다], 이어지다, ~을[를] (판단 · 의견의) 근거로 삼다, (~에 대해) 말[불평]을 늘어놓다, 먼저[앞서] 가다, (무대에) 나오다' 등의 다양한 뜻으로 쓰인다. 이 노래에서는 '계속할 수 없다'는 뜻은 '계속 살아갈 수 없다'라는 뜻으로 이해할 수 있다.

7. If I'm on my own: **on one's own**은 '혼자[다른 아무도 없이, 혼자서, 혼자 스스로, 단독으로, 직접, 혼자 힘으로, 자력으로, 자기 책임 아래, 독립해서'(=alone, by oneself, independently) 그리고 be on one's own은 '독립하다, 스스로 하다, 혼자 힘으로 해내다'라는 뜻이다. 그렇지만 이 노래에서는 '혼자 있게 되다'란 뜻으로 이해하면 될 것 같다. on one's own이 쓰인 예문들은 다음과 같다.

She lives **on her own**.
(그녀는 혼자 산다.)

He did it on his own.
(그는 그것을 혼자 했다.)

I'm all on my own today.
(내가 오늘은 아무도 없이 혼자이다.)

8. I never had a thing to prove: **prove**는 1) '입증[증명]하다'와 2) '(…임이) 드러나다[판명되다]'라는 뜻으로 쓰인다. 이 노래에서 prove는 prove oneself로 주로 쓰일 때의 뜻인 '(자기 역량을) 입증해 보이다'라는 뜻으로 이해하면 될 것 같다. '내가 당신에게 자신의 역량을 입증해 보일 것이 결코 하나도 없다'는 것은 정말 자신이 내세울 것이 없는 보잘 것 없는 존재라는 것을 나타내기 위한 겸손한 표현이라고 볼 수 있다.

9. run so strong: run strong은 좀 드물게 쓰이는 경우이다. 그 이유는 run은 '달리다[뛰다]'라는 뜻으로 많이 쓰이고, 그 외에도 다양한 뜻을 갖고 있다. 그 다양한 뜻 가운데 이 노래에서 쓰인 **run**의 뜻은 '…되다'라는 뜻으로 쓰인다. 그

이유는 run이라는 동사를 꾸며주는 것은 일반적으로 부사인데, 이 노래에서는 run 다음에 strong이 나온다. strong은 부사가 아닌 형용사이다. 이 경우 run은 '…되다'라는 뜻으로 run 뒤에 보어로 형용사가 뒤따라온다. 그래서 이 노래에서 a love could run so strong은 '사랑은 아주 강하게 될 수 있다'라는 뜻이다. run이 이런 쓰임새로 쓰인 예문들은 다음과 같다.

We're **run** short of milk.

((우리는) 우유가 다 떨어졌다.)

Inflation was running a 26%.

(인플레이션이 이십육 퍼센트에 육박하고 있었다.)

The river ran dry during the drought.

(가뭄 중에 그 강이 말랐다.)

10. pass you by: **pass sb/sth by**는 '(아무런 영향을 주지 않고) ~을[를] 스쳐 지나가다, (~을[를]) 지나가다, 옆을 지나다, 지나치다'라는 뜻이다.

She feels that life is **passing her by.**

(그녀는 삶이 자신을 그냥 스쳐 지나가는듯한 기분을 느낀다.)

The procession passed right by my front door.

(그 행렬은 바로 우리 집 대문을 지나갔다.)

While you are driving, you pass by a bus stop.

(네가 운전을 하는 동안 너는 버스정류장을 지나가게 되었어.)

11. call my own: **call (a thing) one's own**은 '제 것이라고 하다, 마음대로 처분하다'라는 뜻이다.

12. stay around: **stay around**는 '(어떤 장소에서) 떠나지[가지] 않다'라는 뜻이다. 예문들은 다음과 같다.

I'll **stay around** in case you need me.

(네가 날 필요로 할지도 모르니까 난 안 가고 있을게.)

The moon always stays around the Earth.

(달은 항상 지구 주변에 머물고 있다.)

I hope you'll be staying around here for a while.

(나는 자네가 잠시 동안 여기에 머무르길 희망한다.)

기억할 만한 영어 문장

1. I never had a thing to prove.

   (난 결코 내세울 것도 없는 사람이었어요.)

2. Do you believe a love could run so strong?

   (사랑이 아주 강해질 수 있는지를 당신은 믿고 있나요?)

3. Just say you'll love me for the rest of my life.

   (당신의 남은 인생 동안 단지 날 사랑하겠다고 말해주세요.)

* 팝송 에세이

팝송의 주제가 대부분 '사랑'인 이유는 어디에 있을까? 그냥 '사랑'을 가볍게 이야기할 수 없는 이유는 어디에 있을까라고 궁금해질 수밖에 없다. 이런 궁금증을 풀어보기 위해 '문화'라는 낱말을 끄집어내어 본다. 많은 사람들이 문화에 대해 이야기를 하고 있지만 정작 문화가 무엇인지에 대한 이해는 부족하지 않을까?

문화는 자연 상태에서 인간의 노력이 덧붙여질 때 문화라는 이야기를 시작할 수 있다. 자연 그대로의 상태는 그저 자연에 해당될 뿐이다. 따라서 문화 이해를 돕기 위해 세 가지 범주로 나누어 볼 수 있다. 하나는 보이는 대상의 범주, 다른 하나는 보이기도 하고 보이지 않기도 하는 범주 그리고 마지막 하나는 보이지 않는 범주이다. 보이는 대상의 범주의 대표적인 경우가 의, 식, 주와 관련된 부분이 많고, 보이기도 하고 보이지 않기도 하는 범주는 행동양식과 생활방식이 대부분이다. 그리고 보이지 않는 범주는 사고방식이나 가치관이라고 할 수 있다. 이와 같이 문화는 광범위한 영역에 걸쳐 있고 복잡하여 한마디로 정의내리기 쉽지 않은 개념이다. 그렇지만 문화는 한마디로 '삶의 방식'(way of life)라고 정리해 낼 수 있다. 그러니까 문화의 차이가 난다고 했을 때 그것은 삶의 방식의 차이라고 이해하면 상당한 부분 이해할 수 있는 가능성은 높아진다고 볼 수 있다. 인간의 삶에 있어서 '사랑'은 마지막 범주인 보이지 않는 범주의 가치 가운데 대표적인 것이다. 그래서 대부분의 사람들이 살아가면서 관심을 갖고 있는 사랑, 사랑, 사랑 …이라고 이야기하는 이유일 것이다. 어쩌면 인간의 삶에 있어서 가장 소중한 가치는 '사랑'일 것이다. 제대로 된 사랑이 이루어지지 않는 삶은 좀 더 강하게 이야기하면 '죽음과 같은 삶'(death in life)이라고도 말할 수 있다. 따라서 많은 문학 작품 속에서 사랑을 이야기하고 사랑이 제대로 실현되지 않은 때의 삶 그 자체가 의미가 없는 삶이라고 은연중에 주장하고 있는 이유일 것이다. 달리 말하면 삶과 죽음이 손등과 손바닥처럼 동전의 양면이듯이 사랑이 충만한 삶과 그렇지 않은 삶 역시 동전의 양면처럼 어깨를 맞대고 있는 것이다.

이 노래는 사랑하는 대상으로부터 사랑을 받으면서 살아가고 싶은 간절한 마음을 표현하고 있다. 그런데 여기서 중요한 것은 사랑하는 대상에게 강요하지 않거나 재촉하지 않는다는 점이다. 오로지 겸손하고 다소곳한 태도로 사랑하는 이를 놓치고 싶지 않은 마음을 드러내고 있다. 겸손. 이 두 글자는 우리가 삶을 이끌어가면서 갖추어야 할 소중한 가치일 것이다. 자신을 내세우거나 뽐내지 아니하고 오히려 자신에게 베푼 행위에 대해 고마워하면서 "난 넘치는 사랑을 받고 있어서 당신을 놓치고 싶지 않아요"라며 살짝 자신을 낮추는 태도는 아름다운 마음의 표현이라고 할 수 있다. 상대방에게 날 사랑해 주시겠어요라고 묻고 있지만 사실은 "난 살아갈 수 없어요 / 나 혼자서는 말이죠"에서 알 수 있듯이 사랑으로 가득 채워진 삶만이 삶의 의미를 찾고 자신의 행복한 삶을 가져올 수 있는 유일한 조건임을 힘주어 이야기하고 있다고 볼 수 있다.

자신을 낮추는 태도는 사랑의 경우에만 해당되는 것은 아닐 것이다. 자신을 낮추는 것은 상대방을 존중하는 것이고, 대상을 더 넓게 바라보는 것이고, 자신의 부족한 면을 확인할 수 있는 마음인 것이다. 세상에는 제 잘 난 모습을 너무 많이 보게 되는데 그런 태도는 또 다른 면에서 다른 사람들을 존중하는 마음이 결핍되어 나타날 수 있을 것이다.

Hard To Say I'm Sorry

Sung by Chicago

Everybody needs a little time away
I heard her say, from each other
Even lovers need a holiday
Far away from each other

Hold me now
It's hard for me to say I'm sorry
I just want you to stay

After all that we've been through
I will make it up to you
I promise to
And after all that's been said and done
You're just a part of me I can't let go

Couldn't stand to be kept away
Just for the day, from your body
Wouldn't wanna be swept away
Far away from the one that I love

Hold me now
It's hard for me to say I'm sorry
I just want you to know

Hold me now
I really want to tell you I'm sorry
I could never let you go

After all that we've been through
I will make it up to you
I promise to

And after all that's been said and done
You're just a part of me I can't let go

And after all that we've been through
I will make it up to you
I promise to

You're going to be the lucky one

미안하다는 말을 하기 힘들어

시카고의 노래

모든 사람은 잠시 서로 떨어져 있을 시간이 필요하다고
그녀가 하는 말을 들었어요
심지어 연인들도 휴식을 필요로 해요
서로 멀리 떨어져서 말이죠

지금 날 안아줘요
내가 미안하다는 말을 하는 건 힘들어요
난 그냥 당신이 이대로 머물렀으면 해요

우리의 모든 힘든 시간이 지나가면
내가 당신에게 보상해줄 게요
난 약속해요
그리고 말하고 행동한 모든 것들이 지난 후에
당신은 내가 가도록 내버려둘 수 없는 단지 나의 일부분이예요

나는 당신 곁을 떠나서
당신에게서 멀리 떨어져서 단 하루라도 견딜 수는 없을 거예요
완전히 사라지고 싶지는 않을 거예요
사랑하는 사람에게서 멀리 떨어져서 말이예요

지금 날 안아줘요
내가 미안하다는 말을 하는 건 힘들어요
난 그냥 당신이 알아줬으면 해요

지금 날 안아줘요
내가 미안하다는 말을 하는 건 힘들어요
난 절대로 당신을 보낼 순 없어요

우리의 모든 힘든 시간이 지나가면
내가 당신에게 보상해줄 게요
난 약속해요

그리고 말하고 행동한 모든 것들이 지난 후에
당신은 내가 가도록 내버려둘 수 없는 단지 나의 일부분이예요

우리의 모든 힘든 시간이 지나가면
내가 당신에게 보상해줄 게요
난 약속해요

당신은 운이 좋은 사람이 될 거예요

* 영어 발음 제대로 듣거나 말하기

1) 이어지는 소리(연음)의 경우

(1) 약모음 이동

needs a, time away, need a, Far away, just a, kept away, swept away

needs a에서 a가 약모음 [ə]가 되어 앞 낱말 끝부분에 가서 붙어 '니저'로 발음된다. need a와 just a도 마찬가지 경우이다. time away에서 away의 a가 약모음 [ə]가 되어 앞 낱말 끝부분에 가서 붙어 '타임머'로 발음된다. Far away, kept away와 swept away도 이와 같은 경우이다.

(2) 자음 이동

make it, said and

make it에서 make의 자음 k가 뒤에 있는 낱말 앞부분에 가서 붙어 '매이킷'으로 발음된다. 그런데 make의 e와 같이 낱말 끝에 있는 모음은 거의 소리가 나지 않기 때문에 신경을 쓰지 않으면 된다. said and에서 said의 자음 d가 뒤에 있는 낱말 앞부분에 가서 붙어 '세덴'으로 발음된다. and는 [ənd]이나 [ən]으로 발음되기도 하지만 많은 경우 [æn]으로 발음된다.

2) 없어지는 소리(탈락)의 경우

Hold me, just want, can't let, Couldn't stand, stand to, Just for, Wouldn't want, want to, could never

Hold me에서 Hold의 d는 자음 l과 me의 자음 m 사이에 놓이기 때문에 탈락되어 '홀미'로 발음된다. 이와 같이 자음과 자음 사이에 놓이는 여섯 개의 파열음인 철자—k/g, p/b, t/d—사이에 놓여 탈락되는 예로 just want, can't let, Couldn't stand, Just for, Wouldn't want와 could never가 해당된다.

stand to에서 stand의 d는 잇달아 나오는 to의 t와 발음이 비슷하기 때문에 앞의 d가 탈락되어 '스탠 터'로 발음된다.

want to에서 want의 t는 잇달아 나오는 to의 t와 철자가 같기 때문에 앞의 s가 탈락되어 '완터'로 된다.

3) 닮는 소리(동화)의 경우

little, want you, part of, let you

little에서 t(t)가 강모음과 약모음 사이에 놓이면 단타음(單打音)으로 되어 t도, d도, r도 아닌 발음이 된다. little은 '리를'에 가깝게 발음된다. 이 소리는 한글로 표기할 수 없으며 오직 소리로만 익힐 수밖에 없다. 특히 미국영어(American English)에서 두드러진 현상이다. part of도 마찬가지 경우이다.

want you에서 want의 t[t]와 you의 y[j]가 합쳐져 서로 닮아서 [tʃ]로 바뀌어 '완츄'에 가깝게 발음된다. 따라서 이런 현상은 영국영어(British English) 보다 미국영어(American English)에서 자주 나타나는 현상이다. let you도 마찬가지 경우이다.

4) 줄어진 소리(축약)의 경우

It's, I'm, we've, that's, can't, You're, Couldn't, Wouldn't

be 동사의 경우인 It's, I'm, that's와 You're, have 동사의 경우인 we've, 부정형인 can't, Couldn't와 Wouldn't가 있다.

5) 주의해야 할 발음

wanna, gonna

wanna는 허물없이 발음하는 경우의 예이다. wanna는 want to인데 입말체에서 '완터 투'로 발음하지 않고 '와너'로 발음하고, want to로 표기가 되어 있더라고 말을 할 때는 wanna로 발음하는 경우가 대부분이다. want to에서 wanna로 바뀌는 과정은 '팝송 영어 소리를 제대로 듣는 요령'에 나와 있는 설명을 참고하기 바란다.

gonna는 허물없이 발음하는 경우의 예이다. gonna는 going to인데 입말체에서 '고잉 투'로 발음하지 않고 '가너' 또는 '고너'로 발음하고, goingt to로 표기가 되어 있더라고 말을 할 때는 gonna로 발음하는 경우가 많다. going to에서 gonna로 바뀌는 과정은 '팝송영어 소리를 제대로 듣는 요령'에 나와 있는 설명을 참고하기 바란다.

* 팝송에 들어 있는 쓸모 있는 영어 표현들

1. Even lovers need a holiday: 이 문장은 '심지어 연인들도 휴일을 필요로 해요'라는 뜻은 모든 사람들이 그러하듯이 연인들도 한 번쯤은 서로 떨어져서 같이 있었을 때 느끼지 못했던 점들을 되돌아가 보기도 해야 한다는 뜻이다.

2. It's hard for me to say I'm sorry: 이 문장은 it~ for … to의 구문이다. to 부정사인 to say의 사실상의 주어는 for 뒤에 있는 me이다. 그리고 it는 to say I'm sorry를 나타낸다. **It's hard for me to say I'm sorry.**는 '내가 미안하다는 말을 하는 건 힘들어요'라고 옮겨진다. 지금까지 당신에게 소홀히 해 왔거나 신경을 덜 썼기 때문에, 당신이 떨어져 있자고 말하는 거라면 정말 미안하지만, 차마 미안하다는 말을 입 밖으로 내지는 못하겠다라는 뜻이다.

3. we've been through: **be through**는 '경험하다, 겪다, 끝나다'라는 뜻이다. 예문들은 다음과 같다.

   I'll **be through** in a moment.
   (내가 곧 끝낼게.)
   Are you through with that newspaper?
   (당신은 그 신문을 다 보셨나요?)

I'll be through with this assignment by Friday.

(저가 이 숙제를 금요일까지는 끝내겠습니다.)

4. after all that's been said and done: after all that's been said and (been) done은 할 말을 다하고 할 것도 다했다는 말은 더 이상 두 사람 사이에서 오갈 것이 없기 때문에 다 끝났다라는 뜻이라고 볼 수 있다. 여기서 **that**는 관계대명사이다. 이 경우에는 that라는 관계대명사만 쓸 수 있다. 그 이유는 관계대명사 앞에 놓이는 것(선행사)이 all, everything, anything, 최상급, 서수, the very, the only 등의 다음에는 that를 쓰거나 that를 생략하고—관계대명사 that이 목적격으로 쓰이는 경우—쓴다. 예문들은 다음과 같다.

That's the very thing (**that**) I need.

(그것이 내가 필요로 하는 바로 그것이다.)

Politics is the only thing **that** separates us.

(정치가 우리를 구분짓는 유일한 요소이다.)

It's the best thing **that** has ever happened to me.

(그것은 지금까지 내게 일어난 일 중에서 가장 좋은 일이다.)

They ate everything **that** was set in front of them.

(그들은 자기들 앞에 놓인 것을 전부 다 먹었다.)

It's already the second time this month **that** I've been late.

(이달 들어 내가 지각한 것이 벌써 두 번째다.)

He said all **that** remained was to agree to a time and venue.

(그는 이제 시간과 장소만 정하면 된다고 말했다.)

Beware of saying anything **that** might reveal where you live.

(당신이 사는 곳을 노출시키게 될 말을 하지 않도록 조심하라.)

5. I will make it up to you: **make it up**은 1) '보상을 하다'와 2) '…와 화해하다'라는 뜻으로 쓰인다.

1)의 예문들은 다음과 같다.

I'm trying to **make it up** now.

(지금 저는 그것을 만회하려고 노력중입니다.)

I'll make it up to you, I promise.

(내가 당신에게 그에 대한 보상을 하겠어요. 약속해요.)

I'm sorry I missed the test. May I make it up?

(저가 시험을 못 봐서 죄송합니다. 저가 메꿀 수 있을까요?)

2) 예문들은 다음과 같다.

Have they **made it up** yet?

(그들이 벌써 화해했어요?)

Is there anything I can do to make it up to you?

(당신과 화해하기 위해 제가 할 수 있는 일이 없을까요?)

It's time for the South to make it up with the North.

(남북이 화해할 때다.)

6. Couldn't stand to be kept away: **stand**는 '견디다, 참다'(= endure, bear)라는 뜻이다. **keep away (from sb/sth)**은 '(~에[을]) 가까이 가지 않다[멀리 하다], ~을[를] 피하다, (~에게 …을) 쓰지[만지지] 못하게 하다'라는 뜻이다. 예문들은 다음과 같다.

Keep knives **away** from children.

(아이들에게 칼을 못 맞게 하세요.)

He warned Billy to keep away from his daughter.

(그는 빌리에게 자기 딸에게 접근하지 말라고 경고했다.)

Keep away from the doors while the train is moving.

(기차가 달리는 동안에는 문가에 가지 마시오.)

7. swept away: **sweep sth away**는 '~을[를] 완전히 없애다[일소하다], 휩쓸어 가다. 씻어내리다, (먼지 따위를) 털다. 멀리 퍼지다, 전폐하다'라는 뜻이다. 예문들은 다음과 같다.

The flood **swept away** the bridge.

(그 홍수가 다리를 휩쓸어 가버렸어요; 홍수로 다리가 떠내려갔다.)

Any doubts had long since been swept away.

(어떤 의심도 오래 전에 다 없어진 상태였다.)

Imprudent investment has swept away his fortune.

(그는 경솔한 투자로 재산을 탕진했다.)

8. I can't let go: **let go**는 let sb go로 쓰여 1) '~를[을] 풀어 주다[석방하다], 가게 내버려 두다'와 2) '~를[을] 해고하다'로, let sb/st go로 쓰여 3) '(손으로 잡고 있던 것을) 놓다'와 4) '(생각 · 태도 · 장악하고 있던 것을) 버리다[포기하다]'와 let sth go로 쓰여 5) '(집 · 정원 등을 돌보는 것을) 그만두다'라는 뜻으로 쓰인다. 이 노래에서는 1)의 뜻으로 쓰이고 있다.

1)의 예문들은 다음과 같다.

Please **let** me **go**.

(제발 나 좀 가게 해줘.)

You just have to let go of him.

(당신은 그냥 그를 보내줘야 해.)

No matter what happens, don't let go.

(무슨 일이 생긴다 하더라도 보내지 마라.)

2)의 예문들은 다음과 같다.

Business was slack and many employees were **let go**.

(불경기 탓으로 많은 종업원들이 해고됐다.)

Hearing the words "you've been let go" is never easy.

("당신은 해고 됐습니다"는 말을 듣는 것은 결코 쉽지 않습니다.)

They're having to let 100 employees go because of falling profits.

(그들이 수익 감소 때문에 백 명의 직원을 해고해야 할 것이다.)

3)의 예문들은 다음과 같다.

Let go of my hand.

(손 좀 놓아 주시오.)

Don't let go of the rope.

(줄을 놓아서는 안 돼.)

Let go! You're hurting me!

((이 손) 놔! 아프단 말이야!)

4)의 예문들은 다음과 같다.

It's time to **let** the past **go**.

(이제 과거는 버려야 할 때이다.)

It's time to let go of the past.

(이제 과거는 버려야 할 때이다.)

I let go of the hate, the rage and the envy.

(나는 미움과 노여움 그리고 부러움도 버렸다.)

5)의 예문은 다음과 같다.

I'm afraid I've **let** the garden **go** this year.

(올해는 정원 가꾸는 일을 그만두어야 할 것 같다.)

9. You're gonna be the lucky one: '당신은 운이 좋은 사람이 될 거에요.'는 당신이 나를 차지함으로써 운이 좋은 여자가 될 것이다. 그 만큼 당신을 행복하게 만들어 줄 자신이 있다는 뜻이다.

기억할 만한 영어 문장

1. I will make it up to you.
   (내가 당신에게 보상해줄게요.)
2. You're gonna be the lucky one.
   (당신은 운이 좋은 사람이 될 거예요.)
3. It's hard for me to say I'm sorry.
   (내가 미안하다는 말을 하는 건 힘들어요.)

* 팝송 에세이

연인들은 서로 가까이 있거나 붙어 있고 싶어 한다. 그래서 연인 사이의 거리는 없는 듯 하다. 그렇지만 각각의 연인은 기본적으로 독립된 개성을 가진 존재이기에 거리가 있게 마련이다. 거리는 물리적 거리와 심리적 거리로 생각해 볼 수 있다. 물리적 거리는 있을 수밖에 없다. 만나서 데이트를 하는 동안에는 의식적으로나 무의식적으로 손을 잡거나 팔장을 끼거나 하여 물리적 거리를 없애려 한다. 중요한 것은 심리적 거리를 가까이 하는 것이 진정한 의미의 사랑하는 관계라고 할 수 있다. 서로의 존재를 인정하면서 항상 심리적으로 의지하고 기댈 수 있는 관계인 경우에는 심리적 거리는 어쩌면 상당한 부분 가깝다고 할 수 있다. 심리적 거리를 줄일 수 있는 방법은 여러 가지가 있을 것이다. 서로를 존중하는 마음이 그 밑바탕에 깔려 있어야 심리적 거리는 한없이 줄어들 것이다. 상대방이 자신의 욕심과 기대에 충족되기를 바라는 것이 아니라 심리적으로 자신의 결핍된 부분을 채워줄 수 있는 가능성이 있는 존재로서의 상대방에 대한 관심과 기대가 오히려 자신의 기대치를 높여줄 수 있는 가능성이 훨씬 더 클 것이다.

“우리의 모든 힘든 시간이 지나가면 / 내가 당신에게 보상해줄 게요 / 난 약속해요”라는 부분에 있어서 연인 사이의 힘들고 어려운 시간이 지나가면 서로에게 심리적 만족감을 줄 것인데, 이 노래에서는 보상해줄 것이라고 말한다. 어떤 식으로 보상해줄 지는 알 수 없지만 보상해줄 것이라고 약속까지 한다는 것은 연인 사이의 관계가 상당한 부분 이해관계의 연장선에 있음을 짐작할 수 있다. 일반적으로 연인 관계라 할지라고 보상심리를 갖고 있는 것은 기본적이지만 보상 심리가 충족되지 않는 경우에는 상대방에 대한 실망감을 갖게 되는 것이다. 이것은 진정한 의미의 사랑하는 관계에 의식적으로나 무의식적으로 이기적인 욕심이 작용한다고 볼 수 있다. 쉬운 일은 아니지만 주는 것만으로 끝날 수 있는 마음가짐과 태도가 연인관계에 있어서도 바람직한 것이라고 볼 수 있다. 서로에게 부족한 면을 채워가려면 서로의 끊임없는 노력이 없이는 이루어질 수 없는 경우가 많기 때문이다.

독립된 인격체이자 서로 다른 존재인 연인들 각자는 자신의 결핍된 부분을 채워줄 수 있는 가능성이 있지 않을까라는 데서 출발하는 것이 연인들 관계의 바람직한 마음가짐과 태도가 아닐까? 자신의 욕심 온도에 맞추어주길 바라는 마음은 연인관계라 할지라도 이기적인 마음의 또 다른 표현이라고 할 수 있다. 연인들이 만남이 쉬울 것 같지만 어렵듯이 상대방에 대한 만족감 또한 기대하는 만큼 쉽게 되지 않는 것이 일반적이라는 점을 이해한다면 연인관계에서도 서로에 대한 노력을 기울일 수 있을 것이다.

★ 덧붙이는 글 ★

Westlife를 포함한 여러 가수들이 이 노래를 불렀다.

You and I

Sung by Scorpions

I lose control because of you babe
I lose control when you look at me like this
There's something in your eyes that is saying tonight
I'm not a child anymore, life has opened the door
To a new exciting life

I lose control when I'm close to you babe
I lose control don't look at me like this
There's something in your eyes, is this love at first sight
Like a flower that grows, life just wants you to know
All the secrets of life

It's all written down in your lifelines
It's written down inside your heart

You and I just have a dream
To find our love a place
Where we can hide away
You and I were just made
To love each other now
Forever and a day

I lose control because of you babe
I lose control don't look at me like this
There's something in your eyes that is saying tonight
I'm so curious for more just like never before in my innocent life

It's all written down in your lifelines, yeah
It's written down inside your heart

You and I just have a dream
To find our love a place
Where we can hide away
You and I were just made
To love each other now
Forever and a day

Time stands still when the days of innocence are falling for the night
I love you girl I always will
I swear I'm there for you

Till the day I die, yeah
You and I just have a dream
To find our love a place
Where we can hide away
You and I were just made
To love each other now
Forever and a day

You and I just have a dream
To find our love a place, where we can hide away
You and I were just made
To love each other now
Forever and a day

당신과 나

스콜피언즈의 노래

사랑하는 이여, 난 당신 때문에 통제력을 잃어요
당신이 이렇게 날 쳐다보면 난 정신을 잃어요
오늘 밤이라고 말하고 있는 당신의 눈망울에 그 무언가가 있어요
난 더 이상 철부지가 아니에요. 인생은 문을 열어주고 있어요
새롭고 흥미진진한 삶을 향해

사랑하는 이여, 내가 당신 가까이 있을 때 난 통제력을 잃어요
당신이 이렇게 날 쳐다보면 난 정신을 잃어요
당신의 눈망울에 그 무언가가 있어요. 이게 첫 눈에 반한 사랑인가요
자라나는 꽃들처럼, 인생은 단지 당신이 알기를 원해요
인생의 모든 비밀을

그건 모두 당신의 생명선에 쓰여 있어요
그건 당신의 마음속에 쓰여 있어요

당신과 나는 그저 꿈을 가지고 있어요
우리가 숨을 수 있는 곳에서 우리의 사랑을 찾기 위해
당신과 나는 지금 서로를 사랑하기 위해 태어났어요
영원히

난 당신 때문에 통제력을 잃었어요
난 통제력을 잃어요 날 그렇게 쳐다보지 마세요
당신 눈은 오늘 밤 무언가를 말하고 있어요
내 순수한 인생에서 예전과 결코 같지 않은 많은 것에 대해 난 너무 궁금해요

그건 모두 당신의 생명선에 쓰여 있어요
그건 당신의 마음속에 쓰여 있어요

당신과 나는 그저 꿈을 가지고 있어요
우리가 숨을 수 있는 우리의 사랑이 제자리를 찾기 위해
당신과 나는 지금 서로를 사랑하기 위해 태어났어요
영원히

순수한 날들이 그 밤을 위해 마련될 때엔 시간이 정지되니
난 당신을 사랑해 난 언제나 그럴 거예요
난 당신을 위해 그곳에 있다고 맹세해요

내가 죽는 날까지, 그래요
당신과 나는 그저 꿈을 가지고 있어요
우리가 숨을 수 있는 우리의 사랑이 제자리를 찾기 위해
당신과 나는 지금 서로를 사랑하기 위해 태어났어요
영원히

당신과 나는 그저 꿈을 가지고 있어요
우리가 숨을 수 있는 우리의 사랑이 제자리를 찾기 위해
당신과 나는 지금 서로를 사랑하기 위해 태어났어요
영원히

* 영어 발음 제대로 듣거나 말하기

1) 이어지는 소리(연음)의 경우

(1) 약모음 이동

not **a**, have **a**, Like **a**, love **a**, hi**de** **a**way, an**d** **a**

not **a**에서 a가 약모음 [ə]가 되어 앞 낱말 끝부분에 가서 붙어 '나러'에 가깝게 발음된다. have a, Like a, love a와 and a의 경우도 마찬가지이다. hi**dea**way에서 away의 a가 약모음 [ə]가 되어 앞 낱말 끝부분에 가서 붙어 '하이더 웨이'로 발음된다.

(2) 자음 이동

loo**k** **a**t, secret**s** **o**f, fin**d** **o**ur, It'**s** **a**ll, day**s** **o**f

loo**k** **a**t에서 look의 자음 k가 뒤에 있는 낱말 앞부분에 가서 붙어 '루캣'으로 발음된다. secret**s** **o**f에서 secrets의 자음 s가 뒤에 있는 낱말 앞부분에 가서 붙어 '시크릿 저브'로 발음된다. days of도 마찬가지 경우이다. fin**d** **o**ur에서 find의 자음 d가 뒤에 있는 낱말 앞부분에 가서 붙어 '화인 다우어'에 가깝게 발음된다. It'**s** **a**ll에서 It's의 자음 s가 뒤에 있는 낱말 앞부분에 가서 붙어 '잇 졸'로 발음된다.

2) 없어지는 소리(탈락)의 경우

There'**s** something, open**ed** the, wri**t**ten, don'**t** look, fir**st** sight, jus**t** have, jus**t** wan**ts**, jus**t** made, jus**t** like, i**n**nocent, innocen**t** life, stan**ds**, stan**ds** sti**ll**, fa**ll**ing

There'**s** something에서 There's의 s와 something의 s가 같은 철자이기 때문에 앞의 s가 탈락되어 '데어 섬싱'에 가깝게 발음된다. wri**t**ten, fir**s**t sight, i**n**nocent, sti**ll**과 fa**ll**ing이 마찬가지 경우이다.

open**ed** the에서 opened의 -ed의 발음 [d]는 잇달아 나오는 the의 발음 [ð]과

비슷하기 때문에 앞의 [d]는 탈락되어 '오픈 더'로 발음된다.

don't look에서 don't의 t는 자음 n과 look의 자음 l 사이에 놓이기 때문에 탈락되어 '돈 룩'으로 발음된다. 이와 같이 자음과 자음 사이에 놓이는 여섯 개의 파열음인 철자—k/g, p/b, t/d—사이에 놓여 탈락되는 예로 don't look, first sight, just have, just wants, just made, just like, innocent life와 stands가 해당된다.

3) 닮는 소리(동화)의 경우

exciting, written

exciting에서 t가 강모음과 약모음 사이에 놓이면 단타음(單打音)으로 되어 t도, d도, r도 아닌 발음이 된다. exciting은 '익사이링'에 가깝게 발음된다. 이 소리는 한글로 정확하게 표기할 수 없으며 오직 소리로만 익힐 수밖에 없다. 특히 미국영어(American English)에서 두드러진 현상이다. written도 마찬가지 경우이다.

4) 줄어진 소리(축약)의 경우

There's, I'm, don't, It's

be 동사의 경우인 There's, I'm와 It's, 부정형인 don't가 있다.

5) 주의해야 할 발음

control, when, where

control에서 'tr~'의 발음은 '츠___'와 '추'의 중간쯤 되는 소리로 '츄'에 가깝게 발음된다. control은 '컨트롤'이라기 보다 '컨쵸롤'에 가깝게 발음된다.

when과 where에서 wh~로 시작되는 낱말은 'w' 뒤에 있는 'h'의 소리가 보통 들리지 않는다. 그러니까 When은 '휀'이라기 보다 '웬'에 가깝게, where는 '훼어'라기 보다 '웨어'에 가깝게 발음된다. 그러나 사람과 관련된 who, whose, whom은 예외로 'h'의 소리가 그대로 난다.

* 팝송에 들어 있는 쓸모 있는 영어 표현들

1. lose control: **lose control**은 '제어할 수 없게 되다, 통제를 잃다, (투수가) 난조를 보이다'라는 뜻으로 쓰인다. 예문들은 다음과 같다.

The minute you do this, you'll **lose control**.
(네가 이걸 하자마자, 주체할 수 없게 될 거야.)

She lost control and the tears began to flow.
(그녀는 자제심을 잃었고 눈물이 흘러내리기 시작했다.)

The Democrats will probably lose control of Congress.
(민주당이 아마 의회 지배권을 잃게 될 것이다.)

2. at first sight: **at first sight**는 '첫눈에, 한 번 보아서, 처음에[언뜻 보기에], 언뜻 본 바로는'(=on first glimpse or impression)이란 뜻이다. 예문들은 다음과 같다.

The theory is not as simple as you might think **at first sight**.
(그 이론은 네가 첫눈에 보았던 생각처럼 간단하지는 않다.)

I know it sounds corny, but it really was love at first sight!
(난 진부하게 들린다는 거 알아. 하지만 그건 정말 첫눈에 반한 사랑이었어!)

At first sight it looked less like a capital city than a mining camp.
(첫눈에 그곳은 수도라기보다는 광산촌처럼 보였다.)

3. in your lifelines: **lifeline**은 '구명 밧줄, 생명줄, 생명선'이란 뜻이다. lifeline이 들어간 예문들은 다음과 같다.

Credit is the **lifeline** of business.
(장사는 신용이 생명이다.)

Those post offices offer a lifeline to rural communities.
(그 우체국들은 시골 지역 사회의 생명선을 제공한다.)

The extra payments are a lifeline for most single mothers.
(추가 지급금은 혼자 아이를 키우는 대부분의 엄마들에게 생명선과 같다.)

4. It's all written down: **write down**은 '(특히 기억하거나 기록하기 위해) ~을[를] 적다'라는 뜻이다. 예문들은 다음과 같다.

I always **write** everything **down**.

(나는 항상 모든 것을 적어 둔다.)

Write down your incomings and outgoings.

(자신의 수입과 지출을 기록하라.)

Write down the address before you forget it.

(당신이 잊기 전에 그 주소를 적어 두어라.)

5. we can hide away: **hide away**는 '(범인 등이) 몸을 숨기다, 잠복하다, '[물건]을 숨기다, 감추다; [사람]을 숨겨주다'라는 뜻이다. 예문들은 다음과 같다.

Now he needs a place to **hide away**.

(지금 그는 숨을 곳이 필요해.)

It is no use trying to dodge the fact or hide it away.

(그 사실을 숨기려고 하거나 피하려 해도 소용없다.)

He spent yesterday hidden away in his country retreat.

(그는 어제 하루를 시골의 은둔지에 숨어서 보냈다.)

6. Forever and a day: **forever and a day**는 '영원히, 영구히, 언제까지나'(=forever and ever, forever and forever)라는 뜻이다. 예문들은 다음과 같다.

This cannot be put off **forever and a day**.

(이것은 영원히 미룰 수가 없을 것이다.)

You and I will be together forever and a day.

(당신과 나는 영원할 것이다.)

I will put off any solution forever and a day.

(나는 영원히 어떤 해결도 미룰 것이다.)

7. Time stands still: **stand still**은 1) '가만히 있다; 현상을 유지하다'와 2) '정지하다'라는 뜻이다.

1)의 예문들은 다음과 같다.

She bid the child **stand still**.

(그녀는 그 아이에게 가만히 서있으라고 지시했다.)

They told me to stand still and not to turn round.

(그들은 나에게 꼼짝 말고 서서 뒤돌아보지 말라고 말했다.)

Straighten your back and stand still for 30 seconds.

(당신의 허리를 편 채로 삼십 초 동안 정지 상태를 유지하세요.)

2)의 예문들은 다음과 같다.

Can time ever **stand still**?

(또한 시간이 계속해서 정지해 있을 수 있을까요?

I wish time would stand still.

(나는 시간이 멈춰 버렸으면 좋겠다.)

We stayed in a village where time has stood still.

(우리는 시간이 정지해 버린 것 같은 어느 마을에서 머물렀다.)

8. I swear I'm there for you: **swear**는 '맹세하다, 선서하다, 욕을 하다'라는 뜻으로 쓰인다. 일반적으로 swear는 '맹세하다'라는 뜻으로 대부분 쓰인다. 이 낱말이 쓰인 예는 다음과 같다.

I **swear** I've told you all I know.

(난 맹세코 내가 아는 모든 것을 너에게 말했어.)

Why did you let him swear at you like that?

(넌 왜 그가 네게 그렇게 욕을 하도록 내버려 두었니?)

Many people swear by vitamin C's ability to ward off colds.

(많은 사람들이 비타민 시가 감기를 물리치는 효능이 있다고 확실히 믿는다.)

기억할 만한 영어 문장

1. I lose control when I'm close to you babe.
(사랑하는 이여, 내가 당신 가까이 있을 때 난 통제력을 잃어요.)
2. I lose control when you look at me like this.
(당신이 이렇게 날 쳐다보면 난 정신을 잃어요.)
3. You and I were just made to love each other now.
(당신과 나는 지금 서로를 사랑하기 위해 태어났어요.)

* 팝송 에세이

이 노래는 당신이 날 바라보거나 내 곁에 있으면 난 자제심을 잃는다고 말한다. 그렇지만 새롭고 흥미진진한 삶을 향한 인생의 문은 열려 있고, 피어나는 꽃처럼 당신이 인생의 비밀을 알길 바란다고 말한다. 이 모든 사실들이 당신의 눈을 통해 당신의 손금과 당신의 마음속에 씌어져 있다고 말한다. 당신과 내가 영원히 사랑할 수 있는 장소를 찾기 위한 꿈은 갖고 있다고 말한다.

사랑하는 최고의 순간은 정지된 시간일 것이다. 물리적 시간은 흘러가되 심리적 시간은 정지되어 있는 경지가 바로 정지된 시간일 것이다. 그렇다면 어떤 경우에 시간은 정지되어 있을까? 두 사람의 만남서 애정을 나누는 순간은 사랑 행위라고 할 수 있다. 두 사람이 진정 마음이 함께라는 생각을 들 때 시간은 정지되어 있다고 느낄 것이다. 정지된 시간의 길이는 길 수 없다. 흘러가는 시간 속의 정지된 시간 그것은 정점(still point)일 것이다. 그렇지만 그 정지된 시간은 최고의 절정의 순간일 수 있고 환희의 순간일 수도 있다. 정지된 시간이 한없이 짧듯이 절정과 환희의 시간 역시 짧을 수밖에 없다. 문제는 정지된 시간 그 이후 어떻게 행동을 하느냐가 어쩌면 더 중요할 것이다. 우리의 삶의 과정을 통해 볼 때 정지된 시간이 재현될 수 있는 기회는 쉽게 또 다시 찾아오는 것이 아니기 때문에 정지된 시간 이후의 행동과 계속 이어질 시간 관리가 두 사람의 관계를 성숙시키느냐 멀어지게 하느냐의 분기점이 될 수도 있는 것도 정점으로서의 정지된 시간일 수 있다. 수많은 사람들이 정지된 시간을 계속 기대하고 갈구하면서 살고 있지만 정점으로서의 정지된 시간은 생각만큼 쉽게 재현되지 않는 것이 일반적이다. 정지된 시간 이후의 시간 관리에서 인간의 심리와 인격체로서의 개성이 그대로 드러날 수밖에 없다.

마음의 창인 눈망울을 통해 상대방의 마음을 읽어낼 수 있는 주요한 지점을 찾게 된다. 사람에 대한 판단이 옳든 그렇지 않든 간에 첫 눈 또는 첫 인상으로 칠십 퍼센트 정도로 대상을 판단하게 된다. 하물며 사랑하는 사이에서 상대방에 어려 있는 눈망울은 관심을 갖고 제대로만 바라보게 되면 상당한 부분 상대방의 마음을 읽어낼 수 있을 것이다. 바라보는 시선에 마음이 읽혀지게 된 것은 이미 상대방의 세계 속에 빠지게 되었다고 볼 수 있다. 마치 정지된 화면을 보는듯한 장면을 연상할 수 있는 것이 "난 당신 때문에 통제력을 잃었어요 / 난 통제력을 잃어요. 날 그렇게 쳐다보지 마세요 / 당신의 눈은 오늘 밤 무언가를 말하고 있어요"에서 확인할 수 있을 것 같다.

산의 정상을 향해 올라가는 과정에 많은 인내와 노력이 필요하듯이, 사랑의 절정을 향해 나아가는 과정에서도 많은 인내와 노력이 필요하다. 절정을 향하는 과정도 쉽지 않지만 절정에 도달한 후의 인간관계가 어쩌면 더 중요할 지 모른다. 사랑의 완성은 절정이 아니라 사랑의 만들어가는 과정 매 순간 순간마다 그 의미가 나타나기 때문이다. 매 순간 상대방에 대한 관심과 존중, 주장 보다는 이야기를 들어주려는 마음, 자신의 욕심이나 욕망을 채우기 보다 상대방과의 의논을 통해 바람직한 애정의 방향을 설정하고 올바른 방향으로 이끌어나아가려는 지속적인 노력 그 자체에서 사랑의 의미는 제대로 나타나지 않을까?

Still Loving You

Sung by Scorpions

Time, it needs time
To win back your love again
I will be there, I will be there

Love, only love
Can bring back your love someday
I will be there, I will be there

Fight, babe, I'll fight
To win back your love again
I will be there, I will be there

Love, only love
Can break down the wall someday
I will be there, I will be there

If we'd go again
All the way from the start
I would try to change
The things that killed our love
Your pride has built a wall, so strong
That I can't get through
Is there really no chance
To start once again
I'm loving you

Try, baby, try
To trust in my love again
I will be there, I will be there

Love, our love
Just shouldn't be thrown away
I will be there, I will be there

If we'd go again
All the way from the start
I would try to change
The things that killed our love
Your pride has built a wall, so strong
That I can't get through
Is there really no chance
To start once again

If we'd go again
All the way from the start
I would try to change
The things that killed our love
Yes, I've hurt your pride, and I know
What you've been through
You should give me a chance
This can't be the end
I'm still loving you, I'm still loving you, I'm still loving you
I need your love, I'm still loving you, still loving you, baby, still loving you
I need your love, still loving you, I need your love...

여전히 당신을 사랑하며

스콜피언즈의 노래

시간, 당신의 사랑을 되찾을 시간이 필요해요
나는 기다리겠어요, 나는 기다리겠어요

사랑, 오직 사랑만이 언젠가 당신의 사랑을 되돌려줄 수 있어요
나는 기다리겠어요 나는 기다리겠어요

싸움, 사랑하는 당신, 당신의 사랑을 되찾기 위해 나는 싸울 겁니다.
나는 기다리겠어요 나는 기다리겠어요

사랑, 오직 사랑만이 언젠가 그 장벽을 무너뜨릴 수 있어요
나는 기다리겠어요, 나는 기다리겠어요

만약 우리가 처음부터 내내 다시 시작한다면
우리의 사랑을 시들게 했던 것들을 나는 바꾸려 해요
당신의 자존심이 벽을 만들어 왔어요
그 벽이 너무 강해 내가 무너뜨릴 수가 없어요
다시 한 번 시작할 기회는 정말 없는 것인가요
당신을 사랑하고 있어요

노력해 봐요, 사랑하는 당신, 노력해 봐요
나의 사랑을 다시 한 번 믿어봐요
나는 기다리겠어요, 나는 기다리겠어요

사랑, 우리의 사랑이 이렇게 버려질 순 없잖아요
나는 기다리겠어요, 나는 기다리겠어요

만약 우리가 처음부터 내내 다시 시작한다면
우리의 사랑을 시들게 했던 것들을 나는 바꾸려 합니다
당신의 자존심이 벽을 만들어 왔어요
그 벽이 너무 강해 내가 무너뜨릴 수가 없어요
다시 한 번 시작할 기회는 정말 없는 것인가요

만약 우리가 처음부터 내내 다시 시작한다면
우리의 사랑을 시들게 했던 것들을 나는 바꾸려 합니다
그래요, 저가 당신의 자존심에 상처를 주고, 그리고 난 알고 있어요
당신이 겪은 고통을
당신은 나에게 기회를 주어야 해요

이번이 마지막이 될 수 없어요
난 아직도 당신을 사랑하고 있어요. 난 아직도 당신을 사랑하고 있어요. 난 아직도 당신을 사랑하고 있어요.
난 당신의 사랑이 필요해요. 난 아직도 당신을 사랑하고 있어요. 사랑하는 이여 여전히 당신을 사랑하고 있어요. 여전히 당신을 사랑하고 있어요
난 당신의 사랑이 필요해요. 여전히 당신을 사랑하고 있어요. 난 당신의 사랑이 필요해요...

* 영어 발음 제대로 듣거나 말하기

1) 이어지는 소리(연음)의 경우

(1) 약모음 이동

lo**ve a**gain, g**o a**gain, buil**t a**, on**ce a**gain, **me a**

lo**ve a**gain에서 again의 a가 약모음 [ə]가 되어 앞 낱말 끝부분에 가서 붙어 '러브겐' 또는 '러브 게인'으로 발음된다. again은 미국영어)(American English)와 영국영어(British English)에서 발음이 다르다. 이것은 미국영어에서는 어겐[əgen]으로 발음되고, 영국영어에서는 어게인[əgein]으로 발음된다. go again과 once again도 마찬가지 경우이다. buil**t a**에서 a가 약모음 [ə]가 되어 앞 낱말 끝부분에 가서 붙어 '빌터'로 발음된다. me a도 마찬가지 경우이다.

(2) 자음 이동

kill**ed o**ur

kill**ed o**ur에서 killed의 ed의 발음이 d가 뒤에 있는 낱말 앞부분에 가서 붙어 '킬다우어'로 발음된다.

2) 없어지는 소리(탈락)의 경우

ba**c**k your, wi**l**l, woul**d** try, can'**t** get, ge**t** through, shoul**d** give, can'**t** be, sti**l**l

ba**c**k your에서 back의 k는 자음 c와 your의 자음 y 사이에 놓이기 때문에 탈락되어 '배큐어'로 발음된다. 이와 같이 자음과 자음 사이에 놓이는 여섯 개의 파열음인 철자 —k/g, p/b, t/d—사이에 놓여 탈락되는 예로 woul**d** try, can'**t** get, shoul**d** give와 can'**t** be가 해당된다.

wi**l**l에서 ll은 똑 같은 철자가 겹치기 때문에 앞의 l이 탈락된다, sti**l**l도 마찬가지 경우이다.

ge**t** through에서 get의 t는 through의 th- 발음 [θ]와 비슷하기 때문에 t가 탈락되어 '겟 스루'에 가깝게 발음된다.

3) 닮는 소리(동화)의 경우

hur**t** **y**our, nee**d** **y**our

hur**t** **y**our에서 hurt의 t[t]와 your의 y[j]가 합쳐져 서로 닮아서 [tʃ]로 바뀌어 '허츄어'에 가깝게 발음된다. 따라서 이런 현상은 영국영어(British English) 보다 미국영어(American English)에서 자주 나타나는 현상이다.

nee**d** **y**our에서 need의 d[d]와 your의 y[j]가 합쳐져 서로 닮아서 [ʤ]로 바뀌어 '니쥬어'에 가깝게 발음된다. 따라서 이런 현상은 영국영어(British English) 보다 미국영어(American English)에서 자주 나타나는 현상이다.

4) 줄어진 소리(축약)의 경우

I'll, we**'d**, ca**n't**, I**'m**, should**n't**, I**'ve**, you**'ve**

도우미동사(조동사)의 경우인 I**'ll**와 we**'d**, 부정형인 ca**n't**와 should**n't**, be 동사의 경우인 I**'m**과 have 동사의 경우인 I**'ve**와 you**'ve**가 있다. 이 가운데 I**'ll**에서 'll이 한국인이 발음하기에 가장 힘든 예이다. 그 이유는 'll은 will의 줄인 형태인데 'll'이 한국어에 없는 발음으로, 'l'은 혀를 입천장에 붙여서 소리를 내야 하는데, 한국어에는 이렇게 소리를 내는 것이 없기 때문이다.

5) 주의해야 할 발음

Try, **Wh**at

Try에서 'tr~'의 발음은 '츠___'와 '추'의 중간쯤 되는 소리로 '츄'에 가깝게 발음된다. Try는 '트라이'이라기 보다 '츄라이'에 가깝게 발음된다.

What에서 wh~로 시작되는 낱말은 'w' 뒤에 있는 'h'의 소리가 보통 들리지 않는다. 그러니까 What은 '홧'이라기 보다 '왓'에 가깝게 발음된다. 그러나 사람과 관련된 who, whose, whom은 예외로 'h'의 소리가 그대로 난다.

* 팝송에 들어 있는 쓸모 있는 영어 표현들

1. I'll be there: **I'll be there**는 팝송에서 너무 많이 나오는 영어 표현이다. 글자 그대로 옮기면 '나는 그곳에 있을 거에요'가 된다. 그런데 여기서 그곳인 there가 팝송에서는 다양한 의미로 쓰이고 있다. 가령 사랑하는 사람과 만나야 할 장소라면 장소가 될 수 있고, 사랑하는 사람이 바라는 것이면, 그 바라는 내용이 성취되는 것일 수도 있는 등 다양한 해석이 가능해진다. 따라서 I'll be there는 노래의 맥락에 맞추어 한글로 옮기거나 이해를 해야 될 것이다.

2. Can bring back your love: **bring back**은 1) '~을[를] 돌려주다, ~을[를] 다시 가져다[데려다] 주다', 2) '~을[를] 기억나게 하다[상기시키다]', 3) '~을[를] 다시 도입하다'와 4) '~에게 ~을[를] 돌려주다; ~에게 ~을[를] 가지고 돌아가다'라는 뜻으로 쓰인다. 이 노래에서는 1)의 뜻으로 쓰이고 있다.

   1)의 예문들은 다음과 같다.

   He **brought** me **back** in his car.
   (그가 자기 차로 나를 다시 데려다 주었다.)

   If this shirt doesn't fit, may I bring it back later?
   (이 셔츠가 맞지 않으면 나중에 다시 가져와도 되나요?)

   Please bring back all library books by the end of the week.
   (이번 주말까지 도서관 책을 모두 반납해 주시기 바랍니다.)

   2)의 예문들은 다음과 같다.

   The photographs **brought back** many pleasant memories.
   (그 사진들이 많은 즐거운 기억들을 떠올리게 했다.)

   However, it is now possible to bring back your dead pet.
   (하지만 이제, 당신의 죽은 애완동물을 되살리는 것이 가능하다.)

   Snow can bring back memories of the happy days of winter.
   (눈은 겨울의 즐거웠던 날들의 추억을 되살려 줄 수 있습니다.)

3)의 예문들은 다음과 같다.

Perhaps Britain needs to **bring back** conscription.

(아마도 영국은 다시 징병제를 도입해야 할 필요가 있다.)

Most people are against bringing back the death penalty.

(사형 제도를 다시 도입하는 것에는 대부분의 사람들이 반대한다.)

4)의 예문들은 다음과 같다.

Can I **bring** you **back** a souvenir?

(제가 돌아와서 당신에게 기념품을 가져다 드릴까요?)

What did you bring the kids back from Italy?

(이탈리아에서 돌아오면서 아이들에게 뭘 갖다 주셨어요?)

Would you like me to bring something back for you?

(저가 당신에게 올 때 뭐 사다 줄까요?)

3. To win back: **win back**은 '~을[를] 되찾다[다시 차지하다]'라는 뜻이다. 예문들은 다음과 같다.

We have struggled mightily to win back lost trade.

(우리는 놓쳐 버린 거래처를 회복하기 위해 열심히 발버둥쳐 왔다.)

We watched our team's heroic struggle to win back the cup.

(우리는 우승컵을 되찾기 위한 우리 팀의 투지 넘치는 고투를 지켜보았다.)

He tired to win back his reputation from the dirty campaign.

(그는 지저분한 선거전에서 그의 명성을 되찾기 위해서 노력했다.)

4. Can break down the wall: **break down**은 '고장 나다, ~을[를] 부수다, 망가지다, (감정 · 태도를) 깨부수다[허물어뜨리다], 결렬되다, 실패하다, 아주 나빠지다, ~을[를] 나누다[분류하다]'라는 뜻으로 쓰인다. 예문들은 다음과 같다.

Use materials that **break down** naturally and quickly!

(자연적으로 빠르게 분해되는 재료를 사용해라!)

It also means there are no moving parts to break down.

(이는 움직이는 부분은 고장 나는 게 없다는 뜻이다.)

Firefighters had to break the door down to reach the people trapped inside.
(안에 갇힌 사람들에게 접근하기 위해 소방관들이 문을 부수어야만 했다.)

5. All the way: **all the way**는 1) '내내[시종]'와 2) '완전히; 온 힘을 다해'라는 뜻이다.

1)의 예문들은 다음과 같다.

We hoofed it **all the way** to 42nd Street.
(우리는 사십이 번가까지 내내 걸어갔다.)
We drove all the way with the hood down.
(우리는 내내 자동차 덮개를 내리고 달렸다.)
She didn't speak a word to me all the way back home.
(그녀는 집으로 돌아오는 내내 나에게 한 마디 말도 하지 않았다.)

2)의 예문들은 다음과 같다.

I'm fighting him **all the way**.
(나는 그와 온 힘을 다해 싸우고 있다.)
Stir the pork until it turns white all the way through.
(돼지고기를 모든 면이 완전히 하얗게 될 때까지 이리저리 뒤적여라.)
You can feel that the audience is with her all the way.
(청중[관중]이 그녀와 완전히 함께 하고[일체가 되고] 있다는 것을 느낄 수 있다.)

6. I would try to change: **would**는 기본적으로 도우미동사(조동사)로서 will의 과거형으로 많이 쓰인다. 그렇지만 would는 그 외에 다양한 뜻으로 쓰이기 때문에 이런 저런 뜻을 알게 되면 would가 들어간 다양한 영어 문장의 다채로운 모습을 보게 될 것이다. 이 노래에서는 would는 간절한 바람을 나타내는 would로서 '~하고 싶다, ~하면 좋으련만' 정도로 이해하면 될 것 같다.

7. so strong / That I can't~: 이 문장은 당신의 자존심이 벽을 만들어 놓았는데, 그 벽이 너무 튼튼해서 무너뜨릴 수 없다는 것이다. 그래서 so strong that I can't~로 되는 글이다. 이것은 **so ~ that 주어 can't...**의 구문이 된다. 이 구문은 '너무나 ~해서 …할 수 없다'는 뜻이다.

8. That I can't get through: **get through**는 여러 가지 뜻으로 쓰이는 구동사(phrasal verb)이다. 이 구동사의 뜻은 '(많은 양을) 써 버리다, ~을[를] 하다[끝내다], (~에게)가 닿다[전달되다], ~를[을] (도와) ~에 합격하게 만들다, (정식으로) 통과하다[~을[를] 통과시키다], (난국 · 어려움 등을) 헤쳐 나가다, (어렵고 힘든 시기를) 지나오다 등'으로 쓰인다. 이 노래에서는 벽이 너무 튼튼해서 통과할 수 없다는 글자그대로의 표현에서 더 나아가 비유적인 표현으로 나의 사랑이 당신에게 전달될 수 없다는 것으로 이해하면 될 것이다.

9. To trust in my love: **trust in sb/sth**은 '~에 대해 자신감을 갖다; ~를 신뢰[신임]하다, ~을[를] 믿다'라는 뜻이다. 예문들은 다음과 같다.

I know I can **trust her in** any circumstance.
(나는 어떤 상황에서도 그녀를 신뢰할 수 있음을 알고 있다.)

She needs to trust more in her own abilities.
(그녀는 자신의 능력에 대해 더 자신감을 가질 필요가 있다.)

I have trust in her and she won't let me down.
(나는 그녀를 신뢰하고 그녀는 나를 실망시키지 않을 것이다.)

10. Just shouldn't be thrown away: **throw away**는 '버리다, 없애다'라는 뜻이다. 예문들은 다음과 같다.

You can **throw away** any excess.
(지나치게 많은 것은 얼마가 됐든 당신이 버리면 된다.)

Don't throw away your cigarette butt.
(담배꽁초를 버리지 마시오.)

Could you sort out the toys that can be thrown away?
(당신이 버려도 되는 장난감들을 가려내 줄 수 있겠어요?)

11. What you've been through: **be through**는 '어떤 일을 사용하거나 하는 것을 끝내다, 누구와의 관계를 끊다, 전화상으로 누군가와 통화하다'라는 뜻으로 주로 쓰인다. 예문들은 다음과 같다.

Todd and I **are through.**

(토드와 나는 끝났어.)

I'll be through with him in a while.

(나는 한동안 그와의 관계를 끊을 것이다.)

I'm not through just yet. I should be finished in an hour.

(저는 아직 끝나지 않았습니다. 저가 한 시간 내에 끝내야 해요.)

기억할 만한 영어 문장

1. Your pride has built a wall.

   (당신의 자존심이 벽을 만들어 놓았어요.)

2. Is there really no chance to start once again?

   (다시 한 번 시작할 기회는 정말 없는 것인가요?)

3. Love, only love can bring back your love someday.

   (사랑, 오직 사랑만이 언젠가 당신의 사랑을 소생시킬 수 있지요.)

* 팝송 에세이

사랑의 시작은 관심에서 시작된다. 관심에 애정이 덧붙여져서 사랑하는 상태가 되고 사랑에 빠지게 되고 사랑을 증명하기 위한 행동도 하게 된다. 여기까지가 운동경기의 전반적 상황이라고 본다면 이제 후반전 경기가 남아 있는 것이다. 모든 역사가 만들어지듯이 사랑의 역사가 있다면 그 사랑의 역사는 또한 만들어지는 것이다. 만들어지는 사랑의 역사의 진면목은 절정 이후의 사랑의 역사 만들기라 할 수 있다. 그 이유는 절정 이전의 과정은 약간의 갈등과 의견 차이가 있을 수 있지만 큰 틀에서 보면 긍정의 역사 만들기라 할 수 있다. 그렇지만 절정 이후에는 최고의 순간을 맛본 이후이기 때문에 쉽게 상대방에게서 실망할 수 있고, 최고의 순간이 머릿속에 여전히 남아 있기 때문에 만족이나 기대치가 최고 수준까지 도달하기가 쉽지 않다. 따라서 더 많은 인내심과 마음 다짐이 필요하다.

사랑하다가 헤어지게 되었을 때 그 사랑을 되찾기 위한 노력을 계속될 것이다. 싸움이나 투쟁을 통해 시간의 힘을 빌어 사랑을 되찾을 수 있다면 그 또한 크게 나쁠 것은 없지만 그 실현 가능성은 커 보이지 않는다. 헤어지게 된 걸림돌이라면 자존심이 끼어들기 때문이다. 자존심은 인간이 갖고 있는 건물의 주춧돌과 같은 것이어서 쉽게 바뀔 수 있는 부분이 아니고 또한 쉽게 포기될 수 있는 것도 아니다. 자존심은 오랜 기간 동안 형성되어 온 것이기 때문에 자존심이 한 번 구겨지면 그 구겨진 자존심을 펴는 것은 쉽지 않다. 그런데 자존심이 너무 강해 무너뜨릴 수가 없는 정도이니 서로의 관계를 회복하는 일도 쉽지는 않아 보인다. 사랑하는 사이에서는 자존심을 간직만 하지 자존심을 내세워 주장하는 것을 바람직하지 않을 것이다. 사랑은 완성되어 있는 것이 아니라 완성하고자 하는 바람과 완성하려는 노력과 행동만이 이어져 나가기 마련이다. 그렇지만 "나는 사랑을 다시 한 번 사랑을 믿어봐요 / 나는 기다리겠어요, 나는 기다리겠어요"라는 점에서 본다면 여전히 사랑을 되찾아 보려는 믿음과 기다림이 이어지고 있는 상황이다. 믿음과 기다림은 대상에 대한 긍정과 기대를 이야기하는 것이기 때문에 결과에 관계가 없이 희망을 갖게 하는 신기루와 같은 것이 아닐까?

시간은 우리를 기다려주지 않는다. 우리가 시간을 어떻게 활용하느냐가 시간의 효용성을 높여주는 것이다. 사랑의 경우 서로 사랑하는 과정 또는 행위에서 최선을 다해 성실하게 상대를 대하고 위하고 생각하고 존중하는 마음 씀씀이만이 사랑을 만들어갈 것이고 사랑을 완성시켜나갈 것이고 사랑의 의미를 제대로 찾을 수 있을 것이다. 올바른 사랑에는 사랑의 우열도 고급 사랑과 저급 사랑과 같은 구분을 할 수 없기에 우리는 눈 앞에 펼쳐지는 사랑하는 아름다운 모습만 오로지 지켜보면 될 것이다. 아름다운 그림 한 폭을 보듯이, 아름다운 음악을 듣듯이 하면서 바라보는 우리의 마음이 흡족하면 되지 않을까 생각해 본다.

Greatest Love Of All

Sung by Whitney Houston

I believe the children are our future
Teach them well and let them lead the way
Show them all the beauty they possess inside
Give them a sense of pride to make it easier
Let the children's laughter remind us how we used to be

Everybody's searching for a hero
People need someone to look up to
I never found anyone who fulfilled my needs
A lonely place to be and so I learned to depend on me

I decided long ago, never to walk in anyone's shadows
If I fail, if I succeed, at least I'll live as I believe
No matter what they take from me
They can't take away my dignity

Because the greatest love of all
Is happening to me
I found the greatest love of all inside of me
The greatest love of all
Is easy to achieve
Learning to love yourself
It is the greatest love of all

I believe the children are our future
Teach them well and let them lead the way
Show them all the beauty they possess inside
Give them a sense of pride to make it easier
Let the children's laughter remind us how we used to be

I decided long ago, never to walk in anyone's shadows
If I fail, if I succeed, at least I'll live as I believe
No matter what they take from me
They can't take away my dignity

Because the greatest love of all
Is happening to me
I found the greatest love of all inside of me
The greatest love of all
Is easy to achieve
Learning to love yourself
It is the greatest love of all

And if by chance that special place
That you've been dreaming of
Leads you to a lonely place
Find your strength in love

가장 위대한 사랑

위트니 휴스턴의 노래

나는 아이들이 우리의 미래임을 믿어요
아이들에게 잘 가르쳐서 그들이 길을 이끌어 나갈수 있도록 해요
아이들에게 그들이 내면에 가진
모든 아름다움을 그들에게 보여주세요
좀 더 쉬운 삶을 살 수 있도록
그들에게 자부심을 심어 주세요
아이들의 웃음소리를 듣고 우리의 과거 행동방식을 돌이킬 수 있도록 해봐요

모든 사람들은 영웅을 찾고 있어요
사람들은 우러러 볼 누군가가 필요해요
나의 욕구를 충족시켜준 누군가를 나는 결코 찾지 못했어요
외로운 곳이어서
그래서 나는 내 자신에게 기대는 법을 배웠어요

난 오래 전에 결심했어요
절대 어느 누구의 그늘에 걸어 들어가지 않을 거라고
내가 실패하든, 내가 성공하든, 적어도 난 내 자신이 믿는 바에 따라 살 거예요
나에게서 그 무엇을 빼앗아가더라도
그들은 나의 존엄성은 빼앗을 수 없어요

가장 위대한 사랑이
내게 일어나고 있기 때문이에요
나는 가장 위대한 사랑을
나 자신에게서 발견했어요
가장 큰 사랑을 얻는 것은
어려운 일은 아니에요
자기 자신을 사랑하는 것이
가장 위대한 사랑이죠

나는 아이들이 우리의 미래임을 난 믿어요
아이들을 올바르게 가르쳐서 그들이 길을 이끌어 나갈 수 있도록 해요
아이들에게 그들이 내면에 가진
모든 아름다움을 그들에게 보여주세요
좀 더 쉬운 삶을 살 수 있도록
그들에게 자부심을 심어 주세요
아이들의 웃음 소리를 듣고 우리의 과거 행동방식을 돌이킬 수 있도록 해봐요

난 절대 타인의 그늘에 들어가
살지는 않겠다고 오래 전 결심했어요
내가 실패하든 성공하든
난 내 자신이 믿는 바에 따라 살 거예요
내게서 그 무엇을 앗아가더라도
나의 존엄성을 빼앗을 수 없어요

가장 커다란 사랑이 내게
일어나고 있기 때문이에요
나는 가장 위대한 사랑을
나 자신의 내면에서 발견했어요
가장 위대한 사랑을
이루는 것이 쉬워요
자기 자신을 사랑하는 것을 배우는 것
그것이 가장 위대한 사랑이에요

그리고 우연히 당신이 꿈꾸어왔던
특별한 곳이 당신을
외로운 곳으로 인도하면
사랑으로 힘을 찾으세요

* 영어 발음 제대로 듣거나 말하기

1) 이어지는 소리(연음)의 경우

(1) 약모음 이동

them a, take away, to a

them a에서 a가 약모음 [ə]가 되어 앞 낱말 끝부분에 가서 붙어 '데머'에 가깝게 발음된다. to a도 마찬가지 경우이다. take away에서 away의 a가 약모음 [ə]가 되어 앞 낱말 끝부분에 가서 붙어 '테이커 웨이'로 발음된다.

(2) 자음 이동

sense of, make it, look up, depend on, walk in, as I, love of, inside of, strength in

sense of에서 sense의 자음 s가 뒤에 있는 낱말 앞부분에 가서 붙어 '센서브'로 발음된다. 낱말의 끝에 있는 모음—대개 e가 오는 경우가 대부분인데—은 약하게 소리나기 때문에 거의 들리지 않아서 무시해도 괜찮을 정도이다. of는 [əv]나 [ə]로 발음된다. love of와 inside of도 마찬가지 경우이다. make it에서 make의 자음 k가 뒤에 있는 낱말 앞부분에 가서 붙어 '매이 킷'으로 발음된다. look up에서 look의 자음 k이 뒤에 있는 낱말 앞부분에 가서 붙어 '루컵'으로 발음된다. depend on에서 depend의 자음 d가 뒤에 있는 낱말 앞부분에 가서 붙어 '디펜 돈'으로 발음된다. walk in에서 walk의 자음 k가 뒤에 있는 낱말 앞부분에 가서 붙어 '워 킨'으로 발음된다. as I에서 as의 자음 s가 뒤에 있는 낱말 앞부분에 가서 붙어 '애 자이'로 발음된다. strength in에서 strength의 th 발음 [θ]이 뒤에 있는 낱말 앞부분에 가서 붙어 '스크렝 신'에 가깝게 발음된다. [θ]는 한국말에 없는 발음이다.

2) 없어지는 소리(탈락)의 경우

let them, lead the, all, pride to, let the, used to, Everybody's searching, fulfilled my, And so, learned to, decided long, succeed, what they, can't take, found the

let them에서 let의 t는 them의 th- 발음 [ð]와 비슷하기 때문에 탈락되어 '레ㅔㅔ 뎀'에 가깝게 발음된다. lead the, pride to, let the, learned to, what they, found the도 마찬가지 경우이다.

all에서 ll은 같은 철자이기 때문에 앞의 l은 탈락된다. Everybody's searching와 succeed도 마찬가지 경우이다.

used to에서 used의 -ed 발음 [t]가 to의 t와 같기 때문에 탈락되어 '유스터'로 발음된다.

fulfilled my에서 fulfilled의 -ed 발음 [d]는 자음 ll과 my의 자음 m 사이에 놓이기 때문에 탈락되어 '훌휠 마이'에 가깝게 발음된다. 이와 같이 자음과 자음 사이에 놓이는 여섯 개의 파열음인 철자—k/g, p/b, t/d—사이에 놓여 탈락되는 예로 And so, decided long와 can't take가 해당된다.

3) 닮는 소리(동화)의 경우

matter, beauty, find your

matter에서 t(t)가 강모음과 약모음 사이에 놓이면 단타음(單打音)으로 되어 t도, d도 r도 아닌 발음이 된다. matter는 '매러'에 가깝게 발음된다. 이 소리는 한글로 정확하게 표기할 수 없으며 오직 소리로만 익힐 수밖에 없다. 특히 미국영어(American English)에서 두드러진 현상이다. beauty도 마찬가지 경우이다.

find your에서 find의 d[d]와 you의 y[j]가 합쳐져 서로 닮아서 [ʤ]로 바뀌어 '화인 쥬어'에 가깝게 발음된다. 따라서 이런 현상은 영국영어(British English) 보다 미국영어(American English)에서 자주 나타나는 현상이다.

4) 줄어진 소리(축약)의 경우

children**'s**, Everybody**'s**, anyone**'s**, I**'ll**, ca**n't**, you**'ve**

be 동사의 경우인 children**'s**, Everybody**'s**와 anyone**'s**, 도우미동사(조동사)의 경우인 I**'ll**, 부정형인 ca**n't**와 have 동사의 경우인 you**'ve**가 있다. 이 가운데 I**'ll**에서 'll이 한국인이 발음하기에 가장 힘든 예이다. 그 이유는 'll은 will의 줄인 형태인데 'll'이 한국어에 없는 발음으로, 'l'은 혀를 입천장에 붙여서 소리를 내야 하는데, 한국어에는 이렇게 소리를 내는 것이 없기 때문이다.

5) 주의해야 할 발음

used to, **wh**at, **can't**

used to는 '~하곤 했다'라는 뜻으로 [justə]로 발음된다.

what에서 wh~로 시작되는 낱말은 'w' 뒤에 있는 'h'의 소리가 보통 들리지 않는다. 그러니까 what은 '홧'이라기 보다 '왓'에 가깝게 발음된다. 그러나 사람과 관련된 who, whose, whom은 예외로 'h'의 소리가 그대로 난다.

can't는 can과 마찬가지로 기능낱말이기 때문에 약하게 발음한다. 그런데 can't 다음에 자음이 나오기 때문에 탈락되는 경우가 대부분이어서 can은 [kən]으로 can't는 [kæn]으로 발음하기로 약속이 되어 있다. 그런데 can이 문장 가운데 들어가는 경우가 [kən]으로 주로 발음되고 문장의 끝에 들어가는 경우에는 [kæn]으로 발음되는 경우가 대부분이다. can't는 기본적으로 [kæn]으로 발음되면서 can 보다 약간 길게 발음 되는 경향이 있다.

* 팝송에 들어 있는 쓸모 있는 영어 표현들

1. let them lead: <u>let</u> them **lead**의 경우에 있어서 허락이나 허용을 나타내는 동사 let 다음에 목적어(them)이 나오고 그 뒤에 to 부정사인 to lead가 나와야 되는데

알몸동사(원형동사)가 되어 lead가 된다.

다음에 나오는 Let the children's laughter **remind** us의 경우도 마찬가지이다.

2. Remind us how we used to be: **used to**는 '…하곤 했다; 과거 한때는 …이었다'라는 뜻으로 쓰인다. 과거에 규칙적으로 이루어진 행위를 묘사할 때 쓰인다. 과거에 불규칙적으로 이루어진 행위를 묘사할 때는 would를 사용한다. 그리고 이와 비슷한 be used to는 '~에 익숙하다'라는 뜻의 상태를 나타내는데, '~에 사용되다'라는 뜻으로도 쓰인다. get used to는 '~에 익숙해지다'라는 행위를 나타낸다.

1) **used to**의 예문들은 다음과 같다.

They **used to** visit her grave twice a year.
(그들은 일 년에 두 번 그녀의 묘를 찾곤 했다.)

He is used to being recognized in the street.
(그는 거리에서 사람들이 자기를 알아보는 것에 익숙해 있다.)

I just couldn't laugh at his jokes the way I used to.
(나는 예전처럼 그의 농담에 웃을 수가 없더라구.)

2) **would**의 예문들은 다음과 같다.

After lunch he **would** take a nap.
(그는 점심 후에 낮잠을 자는 습관이 있었다.)

He'd always be the first to offer to help.
(그가 항상 먼저 도움을 제의하곤 했다.)

When my parents were away, my grandmother would take care of me.
(우리 부모님이 집을 비우실 때면 할머니께서 나를 돌봐 주시곤 했다.)

3) **be used to**의 예문들은 다음과 같다.

I **am used to** doing this kind of work
(저는 이런 일에 익숙합니다.)

I am not used to being spoken to like that.

(나는 그런 식으로 말을 걸어오는 데는 익숙하지 못해요.)

She is used to dealing with all kinds of people in her job.

(그녀는 직장에서 온갖 종류의 사람들을 상대하는 데 익숙해 있다.)

This drug **is used to** lower blood pressure.

(이 약은 혈압을 낮추는[내리는] 데 쓰인다.)

A lot of our land is used to grow crops for export.

(우리 토지의 많은 부분이 수출용 곡식을 재배하는 데 사용된다.)

Plastic bags can be used over and over again after being cleaned.

(비닐봉지는 씻어서 계속해서 사용될 수 있잖아.)

4) get used to의 예문들은 다음과 같다.

Life is not fair; **get used to** it.

(인생이란 결코 공평하지 않다. 이 사실에 익숙해져라.)

You soon get used to the little difficulties.

(자네는 작은 어려움들에는 곧 익숙해진다.)

This is how we do things here. You'll soon get used to it.

(이것이 우리가 여기서 일을 하는 방식이야. 너도 곧 이 방식에 익숙해질 거야.)

3. People need someone to look up to: **look up to**는 '~를[을]우러러보다 [존경하다]' 라는 뜻으로 쓰인다. 예문들은 다음과 같다.

A boy needs a father he can **look up to**.

(소년에게는 존경할 수 있는 아버지가 필요하다.)

Do you have a role model you look up to?

(여러분에게는 존경하는 역할 모델이 있나요?)

One day all of the world will look up to them.

(언젠가 세계의 모든 사람들이 그들을 존경할 것이다.)

4. I learned to depend on me: **depend on/upon sb/sth**은 1) '~에 달려 있다[~에 의해 결정되다', 2) '~을[를] 신뢰하다[믿다]', 3) '(어떤 일이 있을 것임을) 확신하다[믿다]'와 4) '(~을 위해) ~에게 (돈/도움 등을) 기대다[의존하다]'라는 뜻으로 쓰인다.

1)의 예문들은 다음과 같다.

Our fees **depend on** the value of the trust.

(우리의 수수료는 신탁 재산의 가치에 따라 다릅니다.)

Wage rates depend on levels of productivity.

(임금 지급률은 생산성 수준에 따라 달라진다.)

Does the quality of teaching depend on class size?

(수업의 질이 학급 규모에 따라 결정되는가?)

2)의 예문들은 다음과 같다.

You are the only person I can **depend on**.

(넌 내가 믿을 수 있는 유일한 사람이야.)

He was the sort of person you could depend on.

(그는 신뢰할 수 있는 그런 사람이었다.)

He knew he could depend on her to deal with the situation.

(그는 그녀가 그 상황을 처리할 것으로 믿어도 된다는 것을 알고 있었다.)

3)의 예문들은 다음과 같다.

Depend upon it we won't give up.

(우리가 포기하지 않을 것임을 믿어도 됩니다.)

You can depend on her to be late.

(그녀가 지각할 것임은 당신은 확신해도 된다. (늘 그러니까.))

Can we depend on you coming in on Sunday?

(네가 일요일에 올 거라고 우리가 확신해도 될까?)

4)의 예문들은 다음과 같다.

He's the only person I can **depend on**.

(그는 내가 의지할 수 있는 유일한 사람이다.)

I don't want to depend too much on my parents.

(나는 부모님께 너무 많이 의존하고 싶지 않다.)

The community depends on the shipping industry for its survival.

(그 지역 사회는 해운업에 생존을 걸고 있다.)

5. And it by chance that special place: **by chance**는 '우연히, 뜻밖에'라는 뜻으로 쓰인다. 예문들은 다음과 같다.

I saw the letter purely **by chance**.

(나는 그 편지를 순전히 어쩌다 우연히 보았다.)

I met her by chance at the airport.

(나는 그녀를 공항에서 우연히 만났다.)

I met him by chance out walking yesterday.

(나는 어제 산책하다 우연히 그를 만났다.)

그런데 **by any chance**는 '(특히 의문문에서) 혹시라도'라는 뜻이다.

Have we met **by any chance**?

(혹시 우리 만난 적 있나요?)

Are you in love with her, by any chance?

(혹시라도 너 그녀를 사랑하는 거니?)

기억할 만한 영어 문장

1. I learned to depend on me.
   (나는 내 자신에게 기대는 법을 배웠어요.)
2. I believe the children are our future.
   (나는 아이들이 우리의 미래임을 믿어요.)
3. I found the greatest love of all inside of me.
   (난 가장 위대한 사랑을 나 자신에게서 발견했어요.)

* 팝송 에세이

에릭 프롬(Erich Fromm)에 따르면 사랑의 종류에는 자기애, 이성애, 플라톤적 사랑와 아가페적 사랑이 있다고 주장한다. 사랑의 종류가 무엇이든지 간에 사랑에는 대상에 대한 관심, 대상에 대한 거리 유지와 대상을 존중하려는 마음을 갖고 있어야 할 것이다. 어떤 식으로든 상대방에 대한 이기적인 욕심이 모두 빠져 있어야 할 것이다. 이기적인 욕심이 뒤따르면 사랑의 본질에서 벗어나 있기 때문에 제대로 된 사랑이 이루어질 수 없다.

이 노래는 자기 자신을 사랑할 수 있는 방법을 알아야 자긍심도 가질 수 있다고 말한다. 자칫 자신의 이기심에서 비롯되어 자기 자신만을 사랑하라는 뜻으로 이해할 수도 있을 것이다. 그렇지만 이 노래에서는 두 갈래 길인 아이들의 길과 이 노래의 화자인 '나'의 길을 함께 이야기하고 있다. 이런 점에 비추어 볼 때 자기 자신의 내면에서 발견하는 위대한 사랑의 출발점이자 근원은 자기 자신의 내면이라고 인정하고 있다. 자신의 내면은 자기가 사랑의 중심에 자리를 잡고 있다는 뜻으로 이해할 수 있다. 자기 자신을 사랑하는 법을 배운다는 것 그 자체가 가장 위대한 사랑이라고 강조하고 있는 것이다. 여기서 아이들의 순수한 내면의 아름다움과 자기 자신의 내면의 아름다움을 동일시함으로써 자기애라 할지라도 사랑의 본질에 대한 이해가 뒤따르는 자기애는 어쩌면 사랑의 주체로서 필수적인 요소임을 노래하고 있다고 볼 수 있다.

그런데 이 노래에서 놓치지 않아야 할 사실은 우리의 미래인 아이들을 믿으라는 주문이다. 아이들의 미래에 대한 희망과 자신의 사랑에 대한 희망은 아이들의 인생 행로에 있어서 그들의 장점을 살려가면서 긍정적인 삶을 꾸려갈 수 있듯이 자신에 대한 사랑도 남에게 의지하지 않고 스스로 사랑의 길을 찾아 나설 수 있는 지혜가 반드시 필요함을 강조한다고 볼 수 있다. 아이들의 순수한 세계를 통해 자신의 사랑의 세계를 펼쳐나갈 수 있는 시사점을 확인할 수 있다는 것이다.

우리 개개인은 각자에게 여유가 있어서 남에게 베푸는 것이 아니라 자신의 아름다움의 한 부분인 배려하는 마음을 가짐으로써 자신의 능력 범위 안에서 사랑을 실천할 수 있다는 점이 중요하다. 여유로움이 갖추어졌을 때 배려할 수 있는 것이 아니라 현재의 자신의 상황에서 한 부분을 조금 떼어내어 베푼다면 거창한 의미의 배려나 사랑의 실천은 되지 않을지 모르지만, 또 다른 면에서 보면 제대로 된 사랑 행위가 될 것이다. 자기를 돌보지 않는 마음과 자기 자신의 이기심에 휩싸여 대상을 제대로 파악하지 못하거나 대상을 덧칠하여 보려는 마음은 의식적으로나 무의식적으로 자기애에 대한 부족함을 스스로 드러내는 또 다른 표현이다. 자기 자신이 삶의 주인공이라는 생각, 자기 자신이 삶의 주체라는 생각과 상대적인 비교가 아닌 자신의 특징이나 자질이나 속성 가운데 끄집어낼 수 있는 절대적인 비교를 통해 자기 자신을 향하지 않고 밖을 향한 또는 타인을 향한 베품은 이미 사랑의 실천 행위가 되고 있다고 볼 수 있다.

I Will Always Love You

Sung by Whitney Houston

If I should stay,
I would only be in your way
So I'll go, but I know
I'll think of you every step of the way

And I will always love you
I will always love you

You, my darling, you Mmmmm
Bittersweet memories
That is all I'm taking with me
So, goodbye
Please, don't cry
We both know
I'm not what you, you need

And I will always love you
I will always love you

I hope life treats you kind
And I hope you have
All you've dreamed of
And I wish you, joy and happiness
But above all this, I wish you love

And I will always love you
I will always love you
I will always love you
I will always love you
I will always love you
I, I will always love you
You, darling, I love you
Ooh, I'll always, I'll always love you

난 당신을 언제나 사랑할 거예요

휘트니 휴스턴의 노래

만일 내가 머물러야 한다면
난 당신에게 방해만 될 것입니다
그래서 나는 떠나겠어요
하지만 난 알아요.
길을 걸을 때 내딛는 발걸음마다 난 당신을 생각할 거예요

그리고 난 당신을 언제나 사랑할거에요.
당신을 언제나 사랑할 거예요

당신 내 사랑하는 연인 당신 음
쓰디쓰지만 달콤한 추억들
그것은 내가 간직하고 있는 전부입니다
그래서 안녕
제발, 울지 말아요.
내가 당신, 당신에게 필요한 사람이 아니에요
그리고 난 당신을 언제나 사랑할 거예요.
난 당신을 언제나 사랑할 거예요

난 삶이 당신을 친절한 존재로 다루길 바래요
그리고 당신이 꿈꾸어 온 모든 것을 가지길 바래요.
그리고 당신에게 기쁨과 행복이 함께 하면 좋겠어요.
하지만 이 무엇보다도
당신에게 사랑이 깃들면 좋겠어요

난 당신을 언제나 사랑할 거예요
난 당신을 언제나 사랑할 거예요
난 당신을 언제나 사랑할 거예요
난 당신을 언제나 사랑할 거예요
난 당신을 언제나 사랑할 거예요
난, 나는 당신을 언제나 사랑할 거예요
당신, 내 사랑, 난 당신을 사랑해요
아, 난 언제나, 난 당신을 언제나 사랑할 거예요

* 영어 발음 제대로 듣거나 말하기

1) 이어지는 소리(연음)의 경우

(1) 자음 이동

think of, And I, love you, is all, have all, dreamed of, above all, think of에서 think의 자음 k가 뒤에 있는 낱말 앞부분에 가서 붙어 '싱커브'에 가깝게 발음된다. dreamed of도 마찬가지 경우이다. And I에서 And의 자음 d가 뒤에 있는 낱말 앞부분에 가서 붙어 '앤 다이'로 발음된다. 그 다음에 몇 번 나오는 And I의 경우도 마찬가지이다. love you에서 love의 자음 v가 뒤에 있는 낱말 앞부분에 가서 붙어 '러 뷰'로 발음된다. love의 낱말 끝의 모음 e는 거의 발음이 되지 않기 때문에 무시해도 될 정도이다. is all에서 is의 자음 s가 뒤에 있는 낱말 앞부분에 가서 붙어 '이 졸'로 발음된다. have all도 마찬가지 경우이다. above all에서 above의 자음 v가 뒤에 있는 낱말 앞부분에 가서 붙어 '어바 볼'로 발음된다.

2) 없어지는 소리(탈락)의 경우

should stay, will, don't cry

should stay에서 should의 d는 자음 l과 stay의 자음 s 사이에 놓이기 때문에 탈락되어 '슈 스떼이'에 가깝게 발음된다. 이와 같이 자음과 자음 사이에 놓이는 여섯 개의 파열음인 철자—k/g, p/b, t/d—사이에 놓여 탈락되는 예로 don't cry가 해당된다.

will에서 ll은 같은 철자가 겹쳐 나오기 때문에 앞에 있는 l이 탈락되어 '윌'로 발음된다.

3) 닮는 소리(동화)의 경우

Bittersweet, what you

Bittersweet에서 t(t)가 강모음과 약모음 사이에 놓이면 단타음(單打音)으로 되어 t도, d도 r도 아닌 발음이 된다. Bittersweet는 '비러스윗'에 가깝게 발음된다. 이 소리는 한글로 정확하게 표기할 수 없으며 오직 소리로만 익힐 수밖에 없다. 특히 미국영어(American English)에서 두드러진 현상이다.

what you에서 what의 t[t]와 your의 y[j]가 합쳐져 서로 닮아서 [tʃ]로 바뀌어 '워츄'에 가깝게 발음된다. 따라서 이런 현상은 영국영어(British English) 보다 미국영어(American English)에서 자주 나타나는 현상이다.

4) 줄어진 소리(축약)의 경우

I'll, don't, I'm, you've

도우미동사(조동사)의 경우인 I'll, 부정형인 don't, be 동사의 경우인 I'm과 have 동사인 you've가 있다. 이 가운데 I'll에서 'll이 한국인이 발음하기에 가장 힘든 예이다. 그 이유는 'll은 will의 줄인 형태인데 'll'이 한국어에 없는 발음으로, 'l'은 혀를 입천장에 붙여서 소리를 내야 하는데, 한국어에는 이렇게 소리를 내는 것이 없기 때문이다.

5) 주의해야 할 발음

stay, step, treats

step와 step에서 s+k/p/t가 되면 된소리에 가깝게 소리가 난다. 대부분 k/p/t가 들어간 낱말은 h가 들어가는 소리를 내게 되는데, s+k/p/t의 경우는 h 소리가 들어가지 않고 된소리에 가깝게 발음된다. 그러니까 step은 '스뗍'에 가깝게, step은 '스뗍'에 가깝게 발음된다.

treats에서 'tr~'의 발음은 '츠_'와 '추'의 중간쯤 되는 소리로 '츄'에 가깝게 발음된다. treats은 '트리트스'이라기 보다 '츄리츠'에 가깝게 발음된다.

* 팝송에 들어 있는 쓸모 있는 영어 표현들

1. I would only be in your way: **be/stand in one's way**는 '~에게 방해가 되다, ~의 길을 막다'라는 뜻으로 쓰인다. 예문들은 다음과 같다.

I won't **be in your way**.
(난 널 방해하고 싶지 않아.)

I need to get through, and you are in my way.
(내가 지나가야 하는데 당신이 내 길을 막고 있어요.)

Empty boxes are[stand] in the way of the exit.
(빈 상자들이 비상구를 가로막고 있다.)

2. I'll think of you: **think of sth/sb**는 '~을[를] 생각하다[머리에 떠올리다], (실제 또는 가능한 상황을) 생각[상상]하다, (어떤 일을 하거나 계획할 때) ~에 대해 생각[고려]하다'라는 뜻으로 쓰인다. 예문들은 다음과 같다.

Just **think of** the expense!
(그저 그 비용을 한번 생각해 봐!)

I'm sure you'll think of a use for it.
(나는 틀림없이 당신이 그것의 쓰임새를 생각해 내게 될 거예요.)

When I said that I wasn't thinking of anyone in particular.
(내가 그 말을 했을 때 어떤 특정한 사람을 생각한 것은 아니었다.)

그런데 **think about**는 '(어떤 일을 하거나 계획할 때) ~에 대해 생각[고려]하다'라는 뜻으로 쓰인다.

Don't you ever **think about** other people?
(넌 다른 사람들은 전혀 생각 안 하니?)

This is a big issue; we need more time to think about it.
(이것은 큰 사안이다. 이것에 대해 생각할 더 많은 시간이 필요하다.)

3. every step of the way: **every step of the way**는 '길을 걸을 때 내딛는 발걸음마다'라는 글자 그대로의 뜻이지만 '늘, 항상'이란 뜻으로 이해하면 될 것이다.

4. Bittersweet memories: **bittersweet**는 1) '씁쓸하면서 달콤한, 괴로우면서도 즐거운'과 2) '(초콜릿 등이) 설탕을 거의 넣지 않은'이란 뜻으로 쓰인다. 이런 낱말은 한 개의 낱말 안에 대조적인 내용의 뜻이 들어있는 것이다. 가령 '슬프도록 아름다운'이란 말도 이에 해당된다. 이런 경우 뒷 부분에 있는 낱말에 의미의 방점이 찍힌다고 이해하면 될 것이다.

5. That is all I'm taking with me: **all**은 관계대명사 앞에 놓이는 것(선행사)이다. all 다음에는 관계대명사 that만 오는데 이 문장은 관계대명사가 목적격으로 쓰이고 있기 때문에 생략되고 있다. 조금 아래 나오는 And I hope you have all you've dreamed of에 나오는 all도 마찬가지 쓰임새이다.

6. life treats you kind: **life treats you kind**는 '삶이 당신을 친절한 존재로 다루다'는 당신의 삶이 어려움이 없이 순조롭게 이루어지길 바란다는 뜻으로 이해하면 될 것이다. 그러니까 you를 목적어로 보고 kind를 목적보어로 볼 수 있을 것이다.

7. you've dreamed of: **dream of**는 '~을[를] 꿈꾸다'란 뜻으로 쓰인다. 예문들은 다음과 같다.

I wouldn't **dream of** going without you.
(난 네가 없이 가는 것은 꿈도 꾸지 않아.)

He was pursuing a utopian dream of world prosperity.
(그는 세계 번영이라는 비현실적인 이상을 추구하고 있었다.)

He had finally accomplished his dream of becoming a pilot.
(그는 마침내 비행사가 되는 꿈을 이룬 참이었다.)

8. But above all this: **above all**은 '무엇보다도; 특히'란 뜻으로 쓰인다. 예문들은 다음과 같다.

Above all, keep in touch.

(무엇보다도 계속 연락하고 지내.)

Above all, chairs should be comfortable.

(무엇보다도 의자가 편해야 한다.)

He continued to place security above all other objectives.

(그는 계속해서 보안을 다른 모든 목표보다 우선시했다.)

기억할 만한 영어 문장

1. I will always love you.
   (난 언제나 당신을 사랑할 거예요.)
2. I'm not what you need.
   (난 당신이 필요로 하는 사람이 아니에요.)
3. I hope you have all you've dreamed of.
   (난 당신이 꿈꾸어온 모든 걸 가지길 바래요.)

* 팝송 에세이

사랑을 하기 위해 대상을 만나 사랑을 속삭이다가 이런저런 사정이 생겨서 서로 헤어질 수 있다. 어쩌면 서로 다른 타인이 만나서 사랑을 조율해보다가 얼마 동안 함께 노래를 부르다가 사랑을 더 이상 나누지 못하고 헤어지는 경우가 허다히 있게 마련이다. 헤어지다 보니 서로에게 원망이 남아 있을 수 있고, 상대방을 비난할 수도 있고, 간혹 극단적인 행위도 일어날 수 있다. 그렇지만 사랑을 하다가 피치 못할 사정으로 헤어지는 경우 남아 있는 것은 추억일 것이다. 추억은 그리움으로 채색되어 나타나기도 하고, 희미해진 추억에 자신의 해석을 덧붙여 아름답게 만들어보기도 한다. 이별 후의 추억을 간직하기 위해서 사랑하는 여정에서 아름답거나 소중한 일들이 많이 있어야 할 것이다. 사랑의 과정에서 기억하고 싶지 않거나 지워버리고 싶은 사건들이 있는 경우에는 추억으로 남아 있지 않고 기회만 되면 떨쳐버리고 싶은 마음뿐일 것이다. 과거를 떨쳐버리기에 가장 손쉬운 방법은 시간의 도움을 받는 것이다. 시세말로 세월이 해결해줄 것이다. 행복한 마음, 그리움의 연속 그리고 이어지지 못함에 대한 아쉬움은 삶의 과정에서 결실을 맺지는 못했지만 소중했던 과거의 흔적을 간직하고 싶은 아름다운 마음이 그 밑바탕에 자리를 잡고 있을 것이다. 어떤 경우에는 죽는 그날까지 그 추억을 간직하면서 미소를 지으며 생을 마감할 수도 있을 것이다.

"쓰디쓰지만 달콤한 추억들 / 그것은 내가 간직하고 있는 전부입니다"에서 알 수 있듯이 '쓰디쓰지만'에서 힌트를 얻을 수 있는 것은 서로가 관계를 유지하는데 있어서 모든 일들이 잘 해결되지 않거나 풀리지 않는 경우가 더러 있었음을 나타낸다. 그렇지만 그런 힘들고 어려운 일들이나 사건들도 돌이켜 생각해보면 '달콤한 추억들'로 남아 있다는 것은 사랑의 만들어가는 과정에서 일어난 사소한 갈등이나 불일치도 모두 사랑의 완성을 행해 나아가는 필요한 조건이라고 볼 수 있다는 것이 아닐까? 그런데 그런 '쓰디쓰지만 달콤한 추억들'을 하나도 놓치지 않고 모두 간직하고 있다니, 그건 간직하고 있는 사람의 삶의 전부가 엮어져 왔음을 증명해주는 소중한 흔적들일 것이다.

추억을 간직할 수 있는 대상이었기에 하나도 원망하거나 책망하거나 비난하거나 욕하지 않고 "친절한 존재", "꿈꾸어 모든 걸 가지길 바라는 존재", "기쁨과 행복이 함께 하길 바라는 존재" 그리고 "사랑이 깃들길 바라는 존재"로서의 가치로운 존재이기에 "난 당신을 언제나 사랑할 거예요"라면 되뇌이고 되뇌이고 있다.

우리들이 소중한 추억을 간직할 수 있는 길은 힘든 과정이 긍정의 결과로 나타나는 경우일 것이다. 힘든 과정을 거치는 경우에 소중한 추억의 강도는 더 강할 것이다. 타인에게 이야기하지 않더라도 다른 사람에게 말하지 않더라도 혼자만이라도 간직할 수 있는 추억은 그 자체가 아름다운 모습일 것이다. 소중하고 아름다운 추억은 그저 주어지는 것이 아니라 추억 이전에 열심히 살아온 모습과 최선을 다한 사랑의 행위의 결과이자 열매가 될 것이다.

★ 덧붙이는 글 ★

영화『보디가드』(*The Bodyguard*)의 오리지널 사운드 트랙(OST)이다.

I Surrender

Sung by Celine Dion

There's so much life I've left to live
And this fire is burning still
When I watch you look at me
I think I could find the will
To stand for every dream
And forsake this solid ground
And give up this fear within
Of what would happen if they ever knew
I'm in love with you

'Cause I'd surrender everything
To feel the chance, to live again
I reach to you
I know you can feel it too
We'd make it through
A thousand dreams I still believe
I'd make you give them all to me
I'd hold you in my arms and never let go

I surrender

I know I can't survive
Another night away from you
You're the reason I go on
And now I need to live the truth
Right now, there's no better time
From this fear, I will break free
And I'll live again with love
And no they can't take that away from me
And they will see... yeah

(I'd surrender everything)
To feel the chance, to live again
I reach to you
I know you can feel it too
We'd make it through
A thousand dreams I still believe
I'd make you give them all to me
I'd hold you in my arms and never let go

I surrender

Every night's getting longer
And this fire is getting stronger, baby
I'll swallow my pride and I'll be alive
Can't you hear my call?

I surrender all...
(I'd surrender everything)
(To feel the chance, to live again)

I reach to you
I know you can feel it too
We'd make it through
A thousand dreams I still believe
I'd make you give them all to me
I'd hold you in my arms and never let go

I surrender

Right here, right now
I'd give my life to live again
I'll break free, take me
My everything
I surrender all to you
(Right now)

Right now
(I'd give my life to live again)
I'd give my life
(I'll break free, take me)
(My everything)
My everything
(I surrender all to you, right now)
Right now
(I'd give my life to live again)
I'd give my life to live to you, baby
I'll break free, yeah free

난 양보합니다

서린 디온의 노래

난 아직 너무나 많은 삶을 남겨 놓고 있고
그리고 이 불꽃은 여전히 불타고 있어요.
날 바라보는 당신을 내가 볼 때
모든 꿈을 이루기 위해
내가 의지를 찾을 수 있다고 생각하고
그리고 이 굳건한 기반을 버릴 수 있다고 생각하며
그리고 내가 당신을 사랑한다는 걸
사람들이 알면 어찌 될까 하는 내 마음속 두려움을 떨쳐버릴 수 있으리라 생각해요.

난 기꺼이 모든 걸 양보할 수 있기 때문에
새로운 삶을 살아갈 기회가 왔음을 느끼기 위해
난 당신에게 손을 내밀어요.
난 당신 또한 그걸 느낄 수 있으리라는 걸 알아요.
우린 헤쳐 나갈 거예요.
난 아직 수많은 꿈을 믿고 있어요.
난 당신이 그 모든 꿈을 내게 베풀게 할 거예요.
난 당신을 내 양팔로 꼭 껴안고 당신을 결코 보내지 않을 거예요.

난 양보할 거예요.

내가 당신과 떨어져서는 단 하룻밤도
살아갈 수 없다는 걸 난 알아요
당신은 내가 살아가는 이유예요
그리고 이제 난 진실하게 살 필요가 있어요
바로 지금, 이 두려움에서 난 벗어날 이보다 더 좋은 기회는 없어요
나는 벗어날 거예요
그리고 나는 사랑으로 새로운 삶을 살아갈 거예요
그리고 아무도 그걸 내게서 빼어갈 수 없어요
그리고 그들은 알게 되겠지요... 그래요
(난 모든 걸 양보할 거예요)
그 기회를 느끼기 위해, 새로운 삶을 살기 위해
난 당신에게 손을 내밀어요
당신 또한 그걸 느낄 수 있을 거라는 걸 난 알아요
우린 헤쳐 나갈 거예요
난 아직 수많은 꿈을 믿고 있어요
난 당신이 그 모든 꿈을 내게 베풀게 할 거예요
난 당신을 내 양팔로 꼭 껴안고 당신을 결코 보내지 않을 거예요

난 양보할 거예요

매일 밤은 점점 더 길어만 가요
그리고 이 불꽃은 점점 더 강렬해지죠, 내 사랑하는 이여
난 자존심을 버리고 살아날 거예요
나의 외침을 들을 수 없나요?

난 모든 걸 양보할 거예요.
(난 모든 걸 양보할 거예요.)
(그 기회를 느끼기 위해, 새로운 삶을 살기 위해)

난 당신에게 손을 내밀어요
난 당신 또한 그걸 느낄 수 있을 거라는 걸 알아요
우린 헤쳐 나갈 거예요
난 아직 수많은 꿈을 믿고 있어요
난 당신이 그 모든 꿈을 내게 베풀게 할 거예요
난 당신을 내 양팔로 꼭 껴안고 당신을 결코 보내지 않을 거예요

난 양보할 거예요

바로 여기, 바로 지금
난 새로운 삶을 살아가기 위해 나의 삶을 내놓을 거예요
난 벗어날 거예요, 날 받아줘요
나의 모든 걸
난 당신에게 모든 걸 양보할 거예요
(바로 지금)
바로 지금
(난 새로운 삶을 살아가기 위해 나의 삶을 내놓을 거예요.)
(난 벗어날 거예요, 날 받아줘요.)
(나의 모든 걸)
나의 모든 걸
(난 당신에게 모든 걸 양보할 거예요, 바로 지금.)
바로 지금
(난 새로운 삶을 살아가기 위해 나의 삶을 내놓을 거예요.)
난 당신에게 살아가기 위해 나의 삶을 내놓을 거예요, 내 사랑하는 이여
난 벗어날 거예요, 예 벗어날 거예요

* 영어 발음 제대로 듣거나 말하기

1) 이어지는 소리(연음)의 경우

(1) 약모음 이동

live again, night away, that away, be alive

live again에서 again의 a가 약모음 [ə]가 되어 앞 낱말 끝부분에 가서 붙어 '리버 겐' 또는 '리버 어겐'으로 발음된다. again은 미국영어)(American English)와 영국영어(British English)에서 발음이 다르다. 이것은 미국영어에서는 어겐[əgen]으로 발음되고, 영국영어에서는 어게인[əgein]으로 발음된다. night away에서 away의 a가 약모음 [ə]가 되어 앞 낱말 끝부분에 가서 붙어 '나이터 웨이'로 발음된다. be alive에서 alive의 a가 약모음 [ə]가 되어 앞 낱말 끝부분에 가서 붙어 '비어 라이브'로 발음된다.

(2) 자음 이동

When I, look at, give up, feel it, make it, make you

When I에서 When의 자음 n이 뒤에 있는 낱말 앞부분에 가서 붙어 '웨 나이'로 발음된다. look at에서 look의 자음 k가 뒤에 있는 낱말 앞부분에 가서 붙어 '루 캣'으로 발음된다. give up에서 give의 자음 v가 뒤에 있는 낱말 앞부분에 가서 붙어 '기 법'으로 발음된다. give의 e와 같이 낱말 끝의 모음은 약하게 소리나기 때문에 거의 무시해도 될 정도이다. feel it에서 feel의 자음 l이 뒤에 있는 낱말 앞부분에 가서 붙어 '휘 릿'에 가깝게 발음된다. make it도 마찬가지 경우이다. make you에서 make의 자음 k가 뒤에 있는 낱말 앞부분에 가서 붙어 '메이 큐'로 발음된다.

2) 없어지는 소리(탈락)의 경우

There's so, left to, And this, still, could find, find the, will, And give, would happen, all, and never, surrender, can't survive, need to, can't take, And this

'There's so'의 경우 There's의 s와 so의 s가 겹치기 때문에 앞의 s는 소리가 나지 않습니다. 그리고 'left to'의 경우 left의 t와 to의 t가 겹치기 때문에 앞의 t는 소리가 나지 않습니다.

There's so에서 There's의 s와 so의 s가 같은 철자로 겹치기 때문에 앞의 s는 탈락되어 '데어 소'에 가깝게 발음된다. left to, still, will, happen, all, surrender와 can't take도 마찬가지 경우이다.

And this에서 And의 d는 this의 th- 발음 [ð]와 비슷하기 때문에 탈락되어 '앤 디스'에 가깝게 발음된다. find the, need to와 And this도 마찬가지 경우이다.

could find에서 could의 d는 자음 l과 before의 자음 b 사이에 놓이기 때문에 탈락되어 '쿠 화인드'에 가깝게 발음된다. 이와 같이 자음과 자음 사이에 놓이는 여섯 개의 파열음인 철자—k/g, p/b, t/d—사이에 놓여 탈락되는 예로 And give, would happen, and never와 can't survive가 해당된다.

3) 닮는 소리(동화)의 경우

hold you, better, getting, Can't you

hold you에서 hold의 d[d]와 you의 y[j]가 합쳐져 서로 닮아서 [ʤ]로 바뀌어 '홀 쥬'에 가깝게 발음된다. 따라서 이런 현상은 영국영어(British English) 보다 미국영어(American English)에서 자주 나타나는 현상이다.

better에서 t(t)가 강모음과 약모음 사이에 놓이면 단타음(單打音)으로 되어 t도, d도 r도 아닌 발음이 된다. better는 '베러'에 가깝게 발음된다. 이 소리는 한글로 정확히 표기할 수 없으며 오직 소리로만 익힐 수밖에 없다. 특히 미국영어(American English)에서 두드러진 현상이다. getting도 마찬가지 경우이다.

Can't you에서 Can't의 t[t]와 your의 y[j]가 합쳐져 서로 닮아서 [tʃ]로 바뀌어 '캔 츄'에 가깝게 발음된다. 따라서 이런 현상은 영국영어(British English) 보다 미국영어(American English)에서 자주 나타나는 현상이다.

4) 줄어진 소리(축약)의 경우

I've, I'm, 'Cause, I'd, We'd, You're, there's, I'll

have 동사인 경우인 I've, be 동사의 경우인 I'm, You're와 there's, 도우미동사(조동사)의 경우인 I'll이 있다. 이 가운데 I'll에서 'll이 한국인이 발음하기에 가장 힘든 예 이다. 그 이유는 'll은 will의 줄인 형태인데 'll'이 한국어에 없는 발음으로, 'l'은 혀를 입천장에 붙여서 소리를 내야 하는데, 한국어에는 이렇게 소리를 내는 것이 없기 때문이다.

'Cause는 Because의 줄어진 형태이다.

5) 주의해야 할 발음

dream, what, dreams, can't, stronger,

dream과 dreams에서 'dr~'의 발음은 '드_'와 '주'의 중간쯤 되는 소리로 '쥬'에 가깝게 발음된다. dream은 '드림'이라기 보다 '쥬림'에 가깝고, dreams는 '드림즈'라기 보다 '쥬림즈'에 가깝게 발음된다.

what에서 wh~로 시작되는 낱말은 'w' 뒤에 있는 'h'의 소리가 보통 들리지 않는다. 그러니까 what은 '홧'이라기 보다 '왓'에 가깝게 발음된다. 그러나 사람과 관련된 who, whose, whom은 예외로 'h'의 소리가 그대로 난다.

can't는 can과 마찬가지로 기능낱말이기 때문에 약하게 발음한다. 그런데 can't 다음에 자음이 나오기 때문에 탈락되는 경우가 대부분이어서 can은 [kən]으로 can't는 [kæn]으로 발음하기로 약속이 되어 있다. 그런데 can이 문장 가운데 들어가는 경우가 [kən]으로 주로 발음되고 문장의 끝에 들어가는 경우에는

[kæn]으로 발음되는 경우가 대부분이다. can't는 기본적으로 [kæn]으로 발음되면서 can 보다 약간 길게 발음 되는 경향이 있다.

stronger에서 'tr~'의 발음은 '츠___'와 '추'의 중간쯤 되는 소리로 '츄'에 가깝게 발음된다. stronger는 '스트롱거'라기 보다 '스츠롱거'에 가깝게 발음된다.

* 팝송에 들어 있는 쓸모 있는 영어 표현들

1. When I watch you look at me: **watch you look**에서 watch와 같이 지각동사 다음에 목적어 you가 나오고 그 다음에는 to 부정사인 to look에서 to가 생략된 알몸동사(원형동사)인 look으로 되어야 한다. 다음에 나오는 I'd make you give them all to me에서 make라는 동사 다음에 대상인 you가 나오고 그 다음에 to 부정사인 to give를 써야 하는데 give를 써는 경우도 마찬가지입니다.

2. To stand for every dream: **stand for**는 1) '(진행형으로는 쓰이지 않음) (약어나 상징물이) ~을 나타내다[의미하다]', 2) '…을[를] 상징하다, …을[를] 의미하다; …을[를] 대표하다; …을[를] 옹호[찬성]하다; …에 입후보하다; …을[를] 용납하다'라는 뜻으로 주로 쓰인다. 이 노래에서 '모든 꿈을 나타내기 위해'는 '모든 꿈을 이루기 위해' 또는 '모든 꿈을 실현시키기 위해'라고 이해하면 될 것이다.

   1)의 예문들은 다음과 같다.

   What does "S" **stand for**?

   (S는 무엇을 의미하나요?)

   What does the IOC stand for?

   (IOC는 무엇을 나타내나요?)

   "The book's by T.C. Smith." "What does the 'T.C.' stand for?"

   ("그 책은 T.C. 스미스가 쓴 거예요." "T.C.는 뭘 나타내나요?")

2)의 예문들은 다음과 같다.

What does this symbol **stand for**?

(이 상징은 무엇을 의미하나요?)

So, what exactly does it stand for?

(그래서 정확하게 이것은 무엇을 의미하는가?)

He will not stand for reelection this fall.

(그는 올가을 재선에 나서지 않을 것이다.)

The new teacher won't stand for any nonsense.

(그 새 선생님은 허튼수작은 어떤 것도 용납하지 않으신다.)

Those colors stand for the German national flag.

(그 색깔들은 독일의 국기 색깔을 상징합니다.)

It's outrageous, and we won't stand for it any more.

(그것은 말도 안 되는 일이고, 우리는 더 이상 그것을 허용하지 않을 것이다.)

3. And give up this fear within: **give up**은 '(하던 일을) 그만두다; (가지고 있던 것을) 단념하다, 포기하다'라는 뜻으로 쓰인다. 예문들은 다음과 같다.

They **gave up** without a fight.

(그들은 싸우지 않고 포기했다.)

She didn't give up work when she had the baby.

(그녀는 아기를 가졌을 때 일을 그만두지 않았다.)

The time has arrived when I need to give up smoking.

(내가 금연해야 할 때가 드디어 왔다.)

4. I'm in love with you: **be in love with**는 '~와 사랑에 빠지다'라는 뜻으로 쓰인다. 예문들은 다음과 같다.

She **was in love with** him.

(그녀는 그를 사랑하고 있었다.)

I'm in love with my husband.

(난 내 남편과 사랑에 빠졌다.)

I don't want to be in love with you.

(나는 너와 사랑에 빠지고 싶지 않아.)

5. We'd make it through: **make it through**는 '~을[를] 이루어내다, 진출하다, ~을[를] 통과하다, 겪다, 이겨내다, ~을[를] 극복하다'라는 뜻으로 쓰인다.

He **makes it through** to the semifinals.

(그는 준결승에 진출했다.)

He's just made it through for the past few months.

(그는 지난 몇 달간 근근이 살아왔다.)

I don't think this estimate will make it through conference.

(나는 이 견적은 회의에서 통과되지 않을 거라고 생각한다.)

6. never let go: **let go**는 let sb go로 쓰여 1) '~를[을] 풀어 주다[석방하다], 가게 내버려두다'와 2) '~를[을] 해고하다'로, let sb/st go로 쓰여 3) '(손으로 잡고 있던 것 을) 놓다'와 4) '(생각 · 태도 · 장악하고 있던 것을) 버리다[포기하다]'와 let sth go로 쓰여 5) '(집 · 정원 등을 돌보는 것을) 그만두다'라는 뜻으로 쓰인다. 이 노래에서는 1)의 뜻으로 쓰이고 있다.
1)의 예문들은 다음과 같다.

Will they **let** the hostages **go**?

(그들이 인질을 풀어 줄까?)

You just have to let go of him.

(당신은 그냥 그를 보내줘야 해.)

No matter what happens, don't let go.

(무슨 일이 생긴다 하더라도 보내지 마라.)

2)의 예문들은 다음과 같다.

Business was slack and many employees were **let go**.

(불경기 탓으로 많은 종업원들이 해고됐다.)

Hearing the words "you've been let go" is never easy.

("당신은 해고됐습니다"는 말을 듣는 것은 결코 쉽지 않습니다.)

They're having to let 100 employees go because of falling profits.

(그들이 수익 감소 때문에 백 명의 직원을 해고해야 할 것이다.)

3)의 예문들은 다음과 같다.

Don't **let** the rope **go**.

(밧줄 놓지 마.)

Don't let go of the rope.

(밧줄 놓지 마.)

Let go! You're hurting me!

((이 손) 놔! 아프단 말이야!)

4)의 예문들은 다음과 같다.

It's time to **let** the past **go**.

(이제 과거는 버려야 할 때이다.)

It's time to let go of the past.

(이제 과거는 버려야 할 때이다.)

I let go of the hate, the rage and the envy.

(나는 미움과 노여움 그리고 부러움도 버렸다.)

5)의 예문은 다음과 같다.

I'm afraid I've **let** the garden **go** this year.

(올해는 정원 가꾸는 일을 그만두어야 할 것 같다.)

7. You're the reason I go on: **go on**은 '시작하다, 계속하다[되다], 이어지다, ~을[를] (판단 · 의견의) 근거로 삼다, (~에 대해) 말[불평]을 늘어놓다, 먼저[앞서] 가다, (무대에) 나오다' 등의 다양한 뜻으로 쓰인다. 이 노래에서는 '계속할 수 없다'는 뜻은 '계속 살아갈 수 없다'라는 뜻으로 이해할 수 있다.

8. I will break free: **free**는 형용사로 대부분 쓰이지만 여기서는 형용사가 아닌 부사이다. 부사로 쓰이는 free는 1) 요금을 안 내고[무료로]와 2) '(고정되거나 매여 있던 것에서) 벗어나'라는 뜻으로 쓰인다. 이 노래에서는 '나는 벗어날 것이다'로 이해하면 될 것이다.

1)의 예문들은 다음과 같다.

Children under five travel **free**.

(다섯 살 미만 아동은 차비가 없다[차비를 내지 않아도 된다])

Articles bought here will be delivered free of charge.

(구입하신 물건은 무료로 배달해 드립니다.)

It's still under warranty, so we'll fix it free of charge.

(아직 보증 기간 중이니까 무료로 고쳐 드리겠습니다.)

2)의 예문들은 다음과 같다.

The wagon broke **free** from the train.

(그 화물칸이 기차에서 떨어져 나갔다.)

Because of this, people want to live free of pollution.

(이런 이유로 사람들은 오염에서 벗어나 살고 싶어 한다.)

By the authority of King, many prisoners were set free.

(왕의 권한으로 많은 죄수들은 자유의 몸이 되었다.)

9. I'll swallow my pride: **I'll swallow my pride**는 '내 자존심을 삼켜버릴 것이다'는 것은 '내 자존심을 버릴 것이다'라는 뜻으로 이해하면 될 것이다.

기억할 만한 영어 문장

1. I surrender all to you.
   (난 당신에게 모든 걸 양보할 거예요.)
2. I'd give my life to live again.
   (난 새로운 삶을 살아가기 위해 나의 삶을 내놓을 거예요.)
3. I'll swallow my pride and I'll be alive.
   (난 자존심을 버리고 살아날 거예요.)

* 팝송 에세이

어쩌면 사랑의 완성을 꿈꿀 때 우리가 갖추어야 할 태도나 마음가짐이 무엇일까에 대한 질문에 답을 하는 노래라 할 수 있다. 실현시켜야 할 꿈이 있고, 그 꿈이 자신에게 되돌아 올 수 있도록 하려면 어떻게 해야 하는지에 대한 나름대로의 답을 제시하고 있다. 그 어떤 것 보다 먼저 자신이 양보를 할 것이라는 강력한 의지를 표현한다. 굴복이 아니라 양보를, 패배가 아니라 양보를 함으로써 자신이 이루고자 하는 사랑의 실천인 상대방과 함께 할 시간과 공간을 공유하고 싶은 마음을 간절하게 표현하고 있다. 단순히 당신의 존재가 꿈을 가진 존재이고 자신에게 꿈을 베풀 수 있는 유일한 존재이기 때문에 당신에게 손을 기꺼이 내밀고 있는 것이다. 손을 내밀긴 하지만 강요를 하는 것도 아니고 떼를 쓰는 것도 아니다. 오직 앞으로 찾아올 기회를 느끼기 위해 그리고 새로운 삶을 살고 싶어서 그 모든 것 보다 앞서 양보하는 마음을 내비치는 것이다. 양보는 비굴함도 자기 비하도 아닌 겸손의 가치를 가장 무난하고 어렵게 드러내는 행위인 것이다. 자신을 앞세우고 자신의 주장이 옳다고 하면서 주장을 펼치려고 하는 것이 아니라 그 모든 것에 대해 양보하고자 하는 것이다.

자신을 양보한다는 것은 어려운 마음의 결정이자 행동이라고 할 수 있다. 그 양보의 의미를 상대방이 알아주던 주지 않던 크게 개의치 않으면서 목소리 낮추어 소박하게 자신의 바람을 이야기하고 자세를 약간 낮추어 상대방에게 자신의 의견을 제시하는 모습은 우리가 쉽게 보일 수 없는 행동 패턴이자 마음가짐일 것이다. 제 잘 난 맛으로 사는 세상에서 고개를 숙이고 비굴하게 굴거나 행동하는 것이 아니라 소박한 꿈을 실현하기 위해 자신이 그 모든 것을 양보할 수 있는 마음과 태도는 그 자체만으로 높이 살 수 있는 가치인 것이다. 권력에의 의지나 돈이 모든 것을 해결해 줄 것이라는 믿음이 두루 퍼져 있는 상황에서 상대방의 인격을 전혀 손상시키지 않으면서 자신의 마음을 비굴하지 않게 드러내 보이면서 상대방의 동의를 얻어내려는 모습은 보기 좋다는 정도를 넘어선 아름다운 모습이라고 할 수 있다.

"바로 여기, 바로 지금 / 난 새로운 삶을 살아가기 위해 나의 삶을 내놓을 거예요"라는 부분에서 알 수 있듯이 자신에게 주어질 미래의 삶을 위해 현재의 자신을 내려놓고자 하는 강력한 의지의 표현이라고 할 수 있다. 이제 우리가 관심을 가져야 할 점은 '바로 여기, 바로 지금'이라는 표현이다. 여기는 저기나 거기가 아니라 바로 여기를 뜻하고, 지금은 과거나 미래가 아닌 바로 지금이라는 현재 즉, 영원한 현재를 뜻한다. 여기와 지금은 우리가 어떻게 살아가야 하는가에 대한 정확하면서 바람직한 삶의 방식이다. 좀 더 덧붙인다면 지금 그리고 여기에서 자신에게 주어진 삶을 충실히 살아갈 수 있으면 그 보다 더 의미가 있는 삶을 없을 것이기 때문이다. 어쩌면 이것은 어떻게 살아야 합니까라는 질문에 대한 진솔한 답변이기도 하다. 밥을 먹을 때 밥을 먹는데만 집중하고, 자신이 하는 일 그 자체에만 집중하고, 사랑하는 대상에게만 신경을 집중하여 사랑하는 그 행위가 바로 좋은 의미를 만들어가는 삶의 방식이 될 것이다. 이곳저곳 기웃거리지 않고, 이것저것을 동시에 관심 갖지 않으면서 오로지 지금 여기에 벌어지는 행위에만 집중할 수 있다면 그 또한 의미가 있는 결과를 만들어낼 수 있지 않을까 생각해 본다.

★ 덧붙이는 글 ★

서린 디온의 정규 육집 앨범 "A New Day Has Come"에 수록된 곡으로 세계적으로 천 이백만 장이 넘게 팔리며 큰 인기를 끌었다.

The Power Of Love

Sung by Celine Dion

The whispers in the morning
Of lovers sleeping tight
Are rolling by like thunder now
As I look in your eyes

I hold on to your whole body
And feel each move you make
Your voice is warm and tender
A love that I could not forsake

'Cause I am your lady
And you are my man
Whenever you reach for me
I'll do all that I can

Lost is how I'm feeling, lying in your arms
When the world outside's too
Much to take
That all ends when I'm with you

Even though there may be times
It seems I'm far away
Never wonder where I am
'Cause I am always by your side

'Cause I am your lady
And you are my man
Whenever you reach for me
I'll do all that I can

We're heading for something
Somewhere I've never been
Sometimes I am frightened
But I'm ready to learn
Of the power of love

The sound of your heart beating
Made it clear suddenly
The feeling that I can't go on
Is light years away

'Cause I am your lady
And you are my man
Whenever you reach for me
I'm gonna do all that I can

We're heading for something
Somewhere I've never been
Sometimes I am frightened
But I'm ready to learn
Of the power of love
The power of love, the power of love

Sometimes I am frightened
But I'm ready to learn
Of the power of
L-ooooo-ve oh

The power of love
Oh, ooh, ooh
The power of love

사랑의 힘

셀린 디온의 노래

이제 잠을 잘 자고 난 연인들의
아침의 속삭임이
천둥처럼 울려 퍼지고 있어요
내가 당신의 눈을 바라볼 때

난 당신 몸 전부를 꼬옥 붙잡고
당신의 움직임 하나하나를 느껴요
당신의 목소리는 따스하고 부드러워요
내가 저 버릴 수 없는 사랑이에요

난 당신의 여인이고
당신은 나의 남자이니까요
당신이 나에게 향할 때마다
난 내가 할 수 있는 모든 걸 해드릴 거예요

내가 당신 품에 안겨 느끼는 감정은 주체할 수가 없어요
바깥 세상이 감당하기에
너무 어려울 때에도
당신과 함께 하면
모든 어려움도 끝나 버려요

내가 멀리 떨어져 있는 것처럼 보일 때가 있을지라도
내가 어디 있는지 궁금해 하지 않아요
난 항상 당신 곁에 있으니까요

난 당신의 여인이고
당신은 나의 남자이니까요
당신이 나에게 향할 때마다
난 내가 할 수 있는 모든 걸 해드릴 거예요

제가 가보지 못한 그 어떤 곳
그 무언가를 향해 우리는 가고 있어요
때로는 난 무섭기도 하지만
난 사랑의 힘을 배울 준비가 되어 있어요

당신 가슴에서 울리는 고동을 듣고
문득 확신이 섰어요

당신과의 사랑을 그만 둘 느낌은
광년(光年)만큼 멀리 떨어져 있어요

난 당신의 여인이고
당신은 나의 남자이니까요
당신이 나에게 향할 때마다
난 내가 할 수 있는 모든 걸 해드릴 거예요

제가 가보지 못한 그 어떤 곳
그 무언가를 향해 우리는 가고 있어요
때로는 난 무섭기도 하지만
난 사랑의 힘을 배울 준비가 되어 있어요
사랑의 힘을, 사랑의 힘을

때로는 난 무섭기도 하지만
난 사랑의 힘을 배울 준비가 되어 있어요
사랑의 힘을, 오

사랑의 힘을
오~, 오~, 오~
사랑의 힘을

* 영어 발음 제대로 듣거나 말하기

1) 이어지는 소리(연음)의 경우

(1) 약모음 이동

far away, years away

far away에서 away의 a가 약모음 [ə]가 되어 앞 낱말 끝부분에 가서 붙어 '화러웨이'에 가깝게 발음된다. years away도 마찬가지 경우이다.

(2) 자음 이동

whispers in, As I look in, hold on, voice is, world outside, sound of, made it, Lost is, times it

whispers in에서 whisper의 자음 s가 뒤에 있는 낱말 앞부분에 가서 붙어 '위스퍼진'으로 발음된다. As I look in에서 As의 자음 s가 뒤에 있는 낱말 앞부분에 가서 붙고, look의 k가 뒤에 있는 낱말 앞부분에 가서 붙어서 '애 자이 루킨'으로 발음된다. hold on에서 hold의 자음 d가 뒤에 있는 낱말 앞부분에 가서 붙어 '홀돈'으로 발음된다. voice is에서 voice의 -ce 발음 [s]가 뒤에 있는 낱말 앞부분에 가서 붙어 '보이 시즈'에 가깝게 발음된다. Lost is도 마찬가지 경우이다. world outside에서 world의 자음 d가 뒤에 있는 낱말 앞부분에 가서 붙어 '월다웃사이드'로 발음된다. sound of에서 sound의 자음 d가 뒤에 있는 낱말 앞부분에 가서 붙어 '사운 더브'로 발음된다. of는 기능어로 약하게 발음되기 때문에 [əv] 또는 [ə]로 발음된다. made it에서 made의 자음 d가 뒤에 있는 낱말 앞부분에 가서 붙어 '메이 딧'으로 발음된다. made의 끝에 있는 모음 e는 약하게 발음되기 때문에 무시해도 될 정도이다. times it도 마찬가지 경우이다.

2) 없어지는 소리(탈락)의 경우

lovers sleeping, heart beating, can't go

lovers sleeping에서 lovers의 s는 연이어 나오는 sleeping의 s와 같은 철자이기

때문에 앞의 s가 탈락되어 '러브 스리핑'에 가깝게 발음된다.

heart beating에서 heart의 t는 자음 r과 beating의 자음 b 사이에 놓이기 때문에 탈락되어 '하 비팅'에 가깝게 발음된다. 이와 같이 자음과 자음 사이에 놓이는 여섯 개의 파열음인 철자—k/g, p/b, t/d—사이에 놓여 탈락되는 예로 can't go가 해당된다.

3) 닮는 소리(동화)의 경우

heading for

heading에서 d가 강모음과 약모음 사이에 놓이면 단타음(單打音)으로 되어 t도, d도, r도 아닌 발음이 된다. heading은 '헤링'에 가깝게 발음된다. 이 소리는 한글로 정확하게 표기할 수 없으며 오직 소리로만 익힐 수밖에 없다. 특히 미국영어(American English)에서 두드러진 현상이다.

4) 줄어진 소리(축약)의 경우

'Cause, I'll, I'm, outside's, We're, I've, can't

'Cause는 Because의 줄어진 형태이다.

도우미동사(조동사)의 경우인 I'll, be 동사의 경우인 I'm, outside's와 We're, have동사의 경우인 I've와 부정형인 can't가 있다. 이 가운데 I'll에서 'll이 한국인이 발음하기에 가장 힘든 예이다. 그 이유는 'll은 will의 줄인 형태인데 'll'이 한국어에 없는 발음으로, 'l'은 혀를 입천장에 붙여서 소리를 내야 하는데, 한국어에는 이렇게 소리를 내는 것이 없기 때문이다.

5) 주의해야 할 발음

Whenever, **can**, **Wh**en, **wh**ere, **can't**, **gonna**

Whenever, **Wh**en과 **wh**ere에서 wh~로 시작되는 낱말은 'w' 뒤에 있는 'h'의 소리가 보통 들리지 않는다. 그러니까 Whenever는 '휀에버'라기 보다 '웬에버'에 가깝게, When은 '휀'이라기 보다 '웬'에 가깝게, where는 '훼어'라기 보다 '웨어'에 가깝게 발음된다. 그러나 사람과 관련된 who, whose, whom은 예외로 'h'의 소리가 그대로 난다.

can과 **can't**는 기능낱말이기 때문에 약하게 발음한다. 그런데 can't 다음에 자음이 나오기 때문에 탈락되는 경우가 대부분이어서 can은 [kən]으로 can't는 [kæn]으로 발음하기로 약속이 되어 있다. 그런데 can이 문장 가운데 들어가는 경우가 [kən]으로 주로 발음되고 문장의 끝에 들어가는 경우에는 [kæn]으로 발음되는 경우가 대부분이다. can't는 기본적으로 [kæn]으로 발음되면서 can 보다 약간 실게 발음되는 경향이 있다.

gonna는 허물없이 발음하는 경우의 예이다. gonna는 going to인데 입말체에서 '고잉 투'로 발음하지 않고 '가너' 또는 '고너'로 발음하고, goingt to로 표기가 되어 있더라고 말을 할 때는 gonna로 발음하는 경우가 많다. going to에서 gonna로 바뀌는 과정은 '팝송영어 소리를 제대로 듣는 요령'에 나와 있는 설명을 참고하기 바란다.

* 팝송에 들어 있는 쓸모 있는 영어 표현들

1. Of lovers sleeping tight: **sleep tight**는 '잘 자다'라는 뜻이다. 여기서 tight는 부사이다. 격식을 차리지 않는 경우에 쓰이는데, 특히 아이들에게 하는 말로 많이 쓰인다. 예로 Goodnight, sleep tight!(안녕, 잘 자!)가 있다.

2. I hold on to: **hold on to**는 1) '(자기에게 유리한 것을) 고수하다[지키다]; (팔거나 주지 않고) 계속 보유하다'와 2) '~에 매달리다, 꼭잡다'(=seize and cling to)라는 뜻으로 쓰인다. 이 노래에서는 2)의 뜻으로 쓰인다.

1)의 예문들은 다음과 같다.

You should **hold on to** your oil shares.

(당신은 석유 주식들을 계속 보유하셔야 합니다.)

I'd buy a few shares now, and just hold on to them.

(저라면 지금 몇 주 사서 보유하겠습니다.)

I told him how we had fought to hold on to the company.
(나는 우리가 회사를 지켜 내기 위해 어떻게 분투해 왔는지 그에게 알려 줬다.)

2)의 예문들은 다음과 같다.

Hold on to the handrail to keep your balance.
(몸의 균형을 유지하기 위해 손잡이를 꼭 잡고 있으세요.)

He strained to hold on to the mossy concrete.
(그는 이끼 낀 콘크리트 표면을 계속 붙잡고 있으려고 안간힘을 썼다.)

Eels were so slippery that I couldn't hold on to them.
(뱀장어들이 미끈거려서 손에 잡히지 않았다.)

3. And feel each move you make: each move you make는 you make each move로 이해해야 한다. 여기서 move는 명사로 '(자세의) 움직임'이란 뜻이다. 따라서 **make each move**는 '매번 움직이다'라는 뜻으로 흔히 쓰이는 동사(make) 다음에 부정관사(a나 an)가 나오고 그 다음에 명사가 나와서 명사의 동사 뜻으로 쓰인다. 이런 쓰임새가 자주 쓰이기 때문에 앞에 나오는 동사를 흔히 쓰이는 동사(common verb)라고 한다. 이런 동사에는 make 외에 have와 take 등이 있다.

4. A love that I could not forsake: **forsake**는 '저버리다[버리다], 그만두다'라는 뜻으로 쓰인다.

5. I'll do all that I can: 관계대명사 앞에 놓이는 것(선행사)이 **all**인 경우에는 관계대명사 that만 쓰인다. 이 경우 all의 뜻은 '(…한) 오직 한가지[전부]'라는 뜻이다. 그런데 that가 주격으로 쓰일 때는 생략할 수 없지만 목적격으로 쓰일 때는 생략할 수 있다. 예문들은 다음과 같다.

I will do **all** that is required of me.
(제게 요구되는 일은 다 하겠습니다.)

The doctors did all that was humanly possible.
(그 의사들은 인간의 능력으로 할 수 있는 모든 일을 다 했다.)

He said all that remained was to agree to a time and venue.

(그는 이제 시간과 장소만 정하면 된다고 말했다.)

6. When the world outside's too much to take: 이 문장은 **too ~ to …** 구문이다. 그러니까 '너무도 ~해서 …할 수 없다'(so ~ that can't …)라는 뜻이다. 그러니까 바깥 세상일이 너무 버거워서 받아들이기 힘들 때를 말하기 때문에, 사랑하는 두 사람 이외의 일 때문에 힘들게 될 때라는 뜻으로 이해하면 될 것이다.

7. we're heading for: **head for**는 '…으로 향하다[하게 하다]'라는 뜻으로 주로 쓰인다.

8. I can't go on: **go on**은 '시작하다, 계속하다[되다], 이어지다, ~을[를] (판단 · 의견의) 근거로 삼다, (~에 대해) 말[불평]을 늘어놓다, 먼저[앞서] 가다, (무대에) 나오다' 등의 다양한 뜻으로 쓰인다. 이 노래에서는 '계속할 수 없다'는 뜻은 '계속 사랑할 수 없다'라는 뜻으로 이해할 수 있다.

9. Is light years away: **light year**는 '광년(光年)(빛이 일 년에 나아가는 거리; 약 구조 사천육백칠십억 킬로미터'란 뜻이다. 그러니까 이런 일은 거의 일어나지 않을 것이라는 것을 나타내는 표현이다.

기억할 만한 영어 문장

1. We're heading for somewhere I've never been.
   (우린 제가 가보지 못한 그 어떤 곳을 향해 가고 있어요.)
2. Whenever you reach for me I'll do all that I can.
   (당신이 나를 향할 때마다 난 내가 할 수 있는 모든 걸 해드릴 거예요.)
3. I hold on to your whole body and feel each move you make.
   (난 당신 몸 전부를 꼬옥 붙잡고 당신의 움직임 하나하나를 느껴요.)

* 팝송 에세이

사랑의 힘은 어디에 있을까? 사랑하는 두 사람이 함께 있는 것만으로 사랑의 힘을 확인될 수 있을까? 사랑의 힘은 거리에 비례할까 아니면 반비례할까? 사랑의 힘은 어떤 경우에 느낄 수 있을까? 사랑의 힘은 어떻게 확인할 수 있을까?

사랑의 힘은 서로에게 의지하면서 기댈 수 있을 때 시작될 수 있을 것이다. 사랑의 힘은 상대방에 대한 믿음이 그 밑바탕에 깔려 있을 것이다. 믿음은 확신을 낳고 확신은 모든 것을 내맡길 수 있다. 몸도 마음도 내맡길 수 있는 것이다. 내맡길 때 몸의 움직임 하나하나를 관찰하면서 느낄 수 있을 것이다. 믿는 마음은 어떤 어려움이 닥친다 할지라고 극복해 나갈 수 있으리라고 확신하게 된다. 특히 사랑하는 이의 품에 안겨 느끼는 감정은 그 모든 어려움을 이겨나갈 수 있을 것 같은 강한 믿음을 갖게 되는 것이다. 미지의 세계로 나아간다 할지라도 사랑의 힘이 있기에 기꺼이 발을 내딛을 수 있는 것이다. 혼자 가려면 두렵고 힘들게 느껴질지라도 사랑하는 사람과 함께 간다면 이겨낼 수 있다고 생각한다. 알 수 없는 세계는 두렵기도 하지만 사랑하는 상대가 있기에 자신의 능력을 최대한 발휘하여 본인이 할 수 있는 모든 걸 할 각오가 되어 있는 것이다.

"바깥 세상이 감당하기에 / 너무 어려울 때에도 / 당신과 함께 하면 / 모든 어려움도 끝나 버려요"에서 알 수 있듯이 사랑하는 사람과 함께 하기만 한다면 어떤 어려움도 이겨낼 수 있는 힘이 생기는 것이다. 사랑의 고수가 아니라 사랑을 시작하는 상황에 놓여 있다고 해도 믿어주고 사랑해주는 상대방이 있는 한, 사랑의 힘은 끊임없이 생겨날 수 있는 것이다. 함께 하는 경우의 사랑의 힘은 어떤 어려움도 함께 참아낼 수 있을 것이다. 사랑의 힘에서 삶의 의미를 찾고 삶에 대한 보람을 느낄 것이다.

사랑은 자존심을 버리고 자기 자신마저 포기하고 버린다고 할 수 있다. 자기 자신을 내세우게 되면 사랑에 대한 이기심은 꿈틀거릴 것이다. 어쩌면 우리가 모든 것을 양보하게 되면 사랑의 걸음은 시작되고 사랑의 완성을 향해 나아갈 것이다. 사랑은 받는 것이 아니라 주는 것이고, 사랑은 자기를 향하는 마음이 아니라 상대방으로 향하는 마음일 것이다. 그런데 인간은 이기적인 동물이기에 쉽지만은 않은 사랑일 것이다. 그렇지만 변함없는 진실을 나보다 상대방에 대한 배려에서 비롯된 사랑, 나 보다 더 힘든 대상에 대한 애정을 쏟아 붓는 것이 사랑이 나아가야 할 방향일 것이다.

한 폭을 그림이 떠오르면서 사랑하는 상대방을 서로 바라보고 있는 모습은 그 자체가 정지된 그림이자 오랫동안 지속될 것 같고 또한 계속 지속되었으면 하는 마음을 불러 일으킬 것이다.

Without You

Sung by Mariah Carey

No I can't forget this evening
Nor your face as you were leaving
But I guess that's just the way the story goes
You always smile but in your eyes
Your sorrow shows yes, it shows

No I can't forget tomorrow
When I think of all my sorrow
When I had you there
But then I let you go
And now it's only fair
That I should let you know
What you should know

I can't live
If living is without you
I can't live I can't give any more
I can't live
If living is without you
I can't give I can't give any more

Well, I can't forget this evening
Or your face as you were leaving
But I guess that's just the way the story goes
You always smile but in your eyes
Your sorrow shows yes, it shows

I can't live
If living is without you
I can't live I can't give any more

I can't live
If living is without you
I can't give I can't give any more

I can't live
If living is without you
I can't live I can't give any more
I can't live
If living is without you
I can't live I can't give any more

Oh, no, no, no
I can't live
If living is without you
Oh, I can't live, I can't give anymore

당신 없이

머라이어 캐리의 노래

아니요 난 오늘 저녁을 잊을 수가 없어요
당신이 떠나고 있었을 동안 당신의 얼굴도 잊을 수가 없어요
하지만 이야기란 다 그저 그렇게 진행되는 것이라고 나는 짐작해요
당신은 항상 미소를 지었지만 당신의 눈망울엔
슬픔이 보여요 그래요 슬픔이 보여요

아니요 난 내일은 잊을 수 없어요
내가 나의 모든 슬픔을 생각할 때
내가 그곳에서 당신과 함께 있을 때
하지만 그 땐 내가 당신을 가게 해 줬어요
그리고 이제
당신이 알아야 할 것을 내가 당신이 알도록 해야 한다는 것이 공평하기만 해요

나는 살 수가 없어요
당신 없이 살아가야 한다면
나는 살 수가 없어요 더 이상 줄 수 없어요
나는 살 수가 없어요
당신 없이 살아가야 한다면
나는 살 수가 없어요 더 이상 줄 수 없어요

글쎄요 오늘 저녁은 잊을 수가 없어요
떠나는 당신의 얼굴도
하지만 내 생각엔 그건 그냥 그 이야기가
당신은 항상 미소를 지었지만 당신의 눈망울엔
슬픔이 보여요 그래요 슬픔이

나는 살 수가 없어요
당신 없이 살아가야 한다면
나는 살 수가 없어요 난 더 이상 줄 수 없어요
나는 살 수가 없어요
당신 없이 살아가야 한다면
나는 살 수가 없어요 난 더 이상 줄 수 없어요

글쎄요 난 오늘 저녁을 잊을 수가 없어요
당신이 떠나고 있었을 때 당신의 얼굴도 잊을 수가 없어요
하지만 이야기란 다 그저 그렇게 되는 것이라고 나는 짐작해요
당신은 항상 미소를 지었지만 당신의 눈망울엔
슬픔이 보여요 그래요 슬픔이 보여요

나는 살 수가 없어요
당신 없이 살아가야 한다면
나는 살 수가 없어요 난 더 이상 줄 수 없어요
나는 살 수가 없어요
당신 없이 살아가야 한다면
나는 살 수가 없어요 난 더 이상 줄 수 없어요

나는 살 수가 없어요
당신 없이 살아가야 한다면
나는 살 수가 없어요 난 더 이상 줄 수 없어요
나는 살 수가 없어요
당신 없이 살아가야 한다면
나는 살 수가 없어요 난 더 이상 줄 수 없어요

오, 아니, 아니, 아니
나는 살 수가 없어요
당신 없이 살아가야 한다면
나는 살 수가 없어요
더 이상 줄 수 없어요

* 영어 발음 제대로 듣거나 말하기

1) 이어지는 소리(연음)의 경우

(1) 자음 이동

as you, When I, think of

as you에서 as의 자음 s가 뒤에 있는 낱말 앞부분에 가서 붙어 '애 쥬'로 발음된다. When I에서 When의 자음 n이 뒤에 있는 낱말 앞부분에 가서 붙어 '웨 나이'로 발음된다. think of에서 think의 자음 k가 뒤에 있는 낱말 앞부분에 가서 붙어 '싱 커버'로 발음된다. of는 [əv]나 [ə]로 발음된다.

2) 없어지는 소리(탈락)의 경우

can't forget, forget this, guess, just the, sorrow, just the, And now, should know, can't live, can't give, Well

can't forget에서 can't의 t는 자음 n과 forget의 자음 f 사이에 놓이기 때문에 탈락되어 '캔 호겟'에 가깝게 발음된다. 이와 같이 자음과 자음 사이에 놓이는 여섯 개의 파열음인 철자—k/g, p/b, t/d—사이에 놓여 탈락되는 예로 And now, should know, can't live와 can't give가 해당된다.

forget this에서 forget의 t는 this의 th- 발음 [ð]와 발음이 비슷하기 때문에 t가 탈락되어 '호게 디스'에 가깝게 발음된다. just the와 just the도 마찬가지 경우이다.

guess에서 ss는 같은 철자가 겹치기 때문에 앞의 s가 탈락된다. sorrow와Well도 마찬가지 경우이다.

3) 닮은 소리(동화)의 경우

But I, but in, had you, let you, what you, without you

But I에서 t가 강모음과 약모음 사이에 놓이면 단타음(單打音)으로 되어 t도, d도 r도 아닌 발음이 된다. But I는 '버라이'에 가깝게 발음된다. 이 소리는 한글로 정확하게 표기할 수 없으며 오직 소리로만 익힐 수밖에 없다. 특히 미국영어(American English)에서 두드러진 현상이다. lot of도 마찬가지 경우이다. but in도 마찬가지 경우이다.

had you에서 had의 d[d]와 you의 y[j]가 합쳐져 서로 닮아서 [ʤ]로 바뀌어 '해쥬'에 가깝게 발음된다. 따라서 이런 현상은 영국영어(British English) 보다 미국영어(American English)에서 자주 나타나는 현상이다.

let your에서 let의 t[t]와 your의 y[j]가 합쳐져 서로 닮아서 [tʃ]로 바뀌어 '레츄어'에 가깝게 발음된다. 따라서 이런 현상은 영국영어(British English) 보다 미국영어(American English)에서 자주 나타나는 현상이다. what you와 without you도 마찬 가지 경우이다. 그런데 without you의 경우 without와 you 사이에 한 박자 쉬게 되면 따로 소리를 내야 한다.

4) 줄어진 소리(축약)의 경우

can't, that's, it's

부정형인 can't, be 동사의 경우인 that's와 it's가 있다.

5) 주의해야 할 발음

can't, When

can't는 can과 마찬가지로 기능낱말이기 때문에 약하게 발음한다. 그런데 can't 다음에 자음이 나오기 때문에 탈락되는 경우가 대부분이어서 can은 [kən]으로 can't는 [kæn]으로 발음하기로 약속이 되어 있다. 그런데 can이 문장 가운데 들어가는 경우가 [kən]으로 주로 발음되고 문장의 끝에 들어가는 경우에는 [kæn]으로 발음되는 경우가 대부분이다. can't는 기본적으로 [kæn]으로 발음되면서 can 보다 약간 길게 발음되는 경향이 있다.

When에서 wh~로 시작되는 낱말은 'w' 뒤에 있는 'h'의 소리가 보통 들리지 않는다. 그러니까 When은 '휀'이라기 보다 '웬'에 가깝게 발음된다. 그러나 사람과 관련된 who, whose, whom은 예외로 'h'의 소리가 그대로 난다.

* 팝송에 들어 있는 쓸모 있는 영어 표현들

1. Nor your face as you were leaving: 이 가사에서 많은 경우 **Nor**가 Or로 되어 있는 경우가 많다. 그렇지만 머라이어 캐리가 부른 노래에서 Nor로 나오고, 문맥상 Nor 다음에 나오는 문장을 부정하는 내용이기 때문에 Nor가 맞는 것으로 여겨진다.

2. the story goes: 여기서 **goes**는 '(노래의 선율이나 가사, 이야기 내용 등이 어떻게)되다'라는 뜻으로 쓰인다. 예문들은 다음과 같다.

   How does that song **go**?
   (저 노래가 어떻게 되지?)

   I forget how the next line goes.
   (그 다음 대사가 어떻게 되는지 잊어버렸다.)

   The story goes that she's been married five times.
   (그 이야기에 따르면 그녀는 결혼을 다섯 번 한 것으로 되어 있다.)

3. your sorrow shows: 여기서 **show**는 '(감정 · 자질이[을] 보이다[드러나다/드러내다], 떠오르다, 나타나다'(=to appear, to be in or come into view, to be visible)라는 뜻이다. 예문들은 다음과 같다.

   Anger **showed** in his face.
   (그의 표정에 분노가 나타났다.)

   Don't let your sorrow show in public.
   (사람들 앞에서 슬픔을 나타내지 말아요.)

   She tried not to let her disappointment show.
   (그녀는 실망감이 드러나지 않도록 애를 썼다.)

4. When I think of all my sorrow: **think of**는 '~을[를] 생각하다[머리에 떠올리다], ~을[를] 고려하다'라는 뜻이다. 예문들은 다음과 같다.

   Can you **think of** a rhyme for 'beauty'?
   (beauty에 어울리는 운을 생각해 낼 수 있겠니?)

He doesn't care what people think of him.

(그는 사람들이 자기를 어떻게 생각하든 신경 쓰지 않는다.)

Honestly! Whatever will they think of next?

(정말! 도대체 그들이 다음엔 무슨 짓을 꾸밀 거래?)

5. But then I let you go: **let** you **go**에서 le go와 let sb go로 쓰여 1) '~를[을] 풀어 주다[석방하다], 가게 내버려두나'와 2) '~를[을] 해고하다'로, let sb/st go로 쓰여 3) '(손으로 잡고 있던 것을) 놓다'와 4) '(생각 · 태도 · 장악하고 있던 것을) 버리다[포기하다]'와 let sth go로 쓰여 5) '(집 · 정원 등을 돌보는 것을) 그만두다'라는 뜻으로 쓰인다. 이 노래에서는 1)의 뜻으로 쓰이고 있다.

1)의 예문들은 다음과 같다.

She agreed to **let** me **go** early.

(그녀는 내가 일찍 가는 것을 승낙했다.)

I'd never let you go short of anything.

(난 당신에게 아무것도 부족한 게 없게 해 주겠소.)

I'm quite happy to net a fish and then let it go.

(나는 고기를 그물로 잡은 다음 놓아줘서 아주 즐겁다.)

2)의 예문들은 다음과 같다.

I've assured him I have no plans to **let** him **go**.

(나는 그에게 그를 해고할 생각이 전혀 없다고 안심시켰다.)

I'm surprised they let him go without any warning.

(예고도 없이 그가 해고되는 바람에 나는 놀랐어요.)

They're having to let 100 employees go because of falling profits.

(그들이 수익 감소 때문에 백 명의 직원을 해고해야 할 것이다.)

3)의 예문들은 다음과 같다.

Don't **let** the rope **go**.

(밧줄 놓지 마.)

Let go! You're hurting me!

((이 손) 놔! 아프단 말이야!)

She took him by the sleeve and would not let go of it.

(그녀는 그의 소맷자락을 잡고 놓지 않으려 했다.)

4)의 예문들은 다음과 같다.

It's time to **let** the past **go**.

(이제 과거는 버려야 할 때이다.)

I let go of the hate, the rage and the envy.

(나는 미움과 노여움 그리고 부러움도 버렸다.)

I don't entirely agree, but I'll let it go at that.

(내가 전적으로 동의하는 것은 아니지만 그쯤 해 두겠어.)

5)의 예문은 다음과 같다.

I'm afraid I've **let** the garden **go** this year.

(올해는 정원 가꾸는 일을 그만두어야 할 것 같다.)

6. I can't give I can't give anymore: 셋째 연에 있는 이 가사 I can't **give** I can't give anymore로 되어 있기도 하고, 또 다른 경우에 I can't **live** I can't give anymore로 되어 있는 경우가 뒤섞여 있다. 머라이어 캐리의 실황 공연에서도 이 두 가지가 뒤섞여 부르고 있음을 알 수 있다. 그렇지만 이 가사를 이해하는데 give이든 live이든 큰 문제가 없다. 나는 뒷 부분 반복되는 경우에는 give 대신에 live를 넣어놓고 있다.

기억할 만한 영어 문장

1. I can't live if living is without you.
   (당신 없이 살아가야 한다면 나는 살 수가 없어요.)
2. I guess that's just the way the story goes.
   (이야기란 다 그저 그렇게 진행되는 것이라고 나는 짐작해요.)
3. You always smile but in your eyes your sorrow shows.
   (당신은 항상 미소를 지었지만 당신의 눈망울엔 슬픔이 보여요.)

* 팝송 에세이

잊을 수 없는 시간이나 날은 언제일까? 어떤 경우에 잊을 수 없는 상황이 일어날까? 모든 시간들을 함께 하다가 어느 날 이별하게 되었을 때, 이별할 수밖에 없는 상황을 이해하고 있음에도 상대방이 없이 살아갈 수 없을 것 같은 마음이 한없이 움직이고 동요가 일어날 때 막막함이 앞에 주욱 펼쳐지는 듯한 기분이 들 것이다. 어쩔 수 없는 이별의 순간에 또렷이 보인 슬픈 눈망울, 그 눈망울 주변에 미소가 둘러싸고 있을 때 그 이별은 더 가슴 아프게 느껴질 것이다. 모르는 것이 아니라 이미 여러 가지 정황으로 이별을 감지하고 이별을 막을 수 없는 상황임을 알아차릴 때 자신이 취해야 할 행동은 무엇일까를 곰곰이 생각해 본다. 곰곰이 생각해 보면 볼수록 사랑하는 대상인 그대 없이는 살아갈 수 없을 것 같은 먹먹함이 밀려올 때 그 이후의 상황이란 얼마나 답답해질까?

그리움은
아지랑이처럼 피어오르고
다가갈 수 없는 발걸음을 묶어두면
뇌리 속 아름다운 추억이 빙빙 돌고 있을 때
벙어리 냉가슴 앓듯이 가슴앓이가 한없이 심해지면서
이별의 고통을 안으로 삼키며 삼키고 있을 때
그 언젠가 찾아 올 시간들을 손꼽으면
미소 보다 더 큰 회한이 떠오르는
모래시계

"당신은 항상 미소를 지었지만 당신의 눈망울엔 / 슬픔이 보여요 / 그래요 보여요"는 이별의 아픔이 강하게 느낄 수 있는 장면이다. 미소와 슬픔이 동시에 보여지는 상황은 사람의 마음을 더욱 더 절절하게 만든다. 차라리 미소만 짓든지 아니면 슬픈 표정만

지으면 반응이 단순해질 수 있지만 미소를 띈 슬픔 또는 슬픈 미소는 쉽게 반응할 수 없이 시간적으로 길게 여운을 남기는 장면인 것이다. 어떤 말도 필요가 없는 상황, 어떤 이야기나 설명도 필요가 없는 상황, 그래서 불가피한 상황에 대한 대책도 없는 경우에는 정지된 시간만 이어져갈 뿐이다. 시간이 조금 흐른 후 당신 없이 살아갈 수 없다는 사실을 깨닫게 될 때 쿵쿵쿵하면서 가슴을 내리치는 절망감과 안타까움이 뒤따라 올 것이다. 대상이 없으면 기댈 곳도 없어지고 베풀고 싶어도 베풀 수 없고 주고 싶어도 줄 수 없는 상황이 된다. 그래서 당신이 없는 세상은 더더욱 생각할 수 없는 것이다.

I'll Be There

Sung by Mariah Carey

You and I must make a pact
We must bring salvation back
Where there is love
I'll be there
I'll reach out my hand to you
I'll have faith in all you do
Just call my name
And I'll be there

I'll be there to comfort you
Build my world of dreams around you
I'm so glad that I found you, yeah
I'll be there with a love so strong
I'll be your strength
You know I'll keep holding on

Let me fill your heart with joy and laughter
Togetherness, well it's all I'm after
Just call my name
And I'll be there, (yeah, yeah)

I'll be there to protect you (yeah baby)
With an unselfish love that respects you
Just call my name
And I'll be there

I'll be there to comfort you
Build my world of dreams around you
You know I'm so glad I found you (so glad, baby)

I'll be there, with a love so strong
I'll be your strength (be your strength)
You know I'll keep holding on

If you should ever find someone new
I know she'd better be good to you
'Cause if she doesn't then I'll be there
Don't you know, baby, yeah, yeah
I'll be there, I'll be there
Just call my name
And I'll be there
Yeah, yeah, yeah, yeah, yeah

I'll be there baby
You know I'll be there
Just call my name
And I'll be there

Just look over your shoulder
Just call my name (yeah)
And I'll be there

I'll be there
Whenever you need me
I'll be there
Don't you know, baby
I'll be there
I'll be there
Just call my name
I'll be there
I'll be there

내가 그곳에 있을 게요

머라이어 캐리의 노래

당신과 난 약속을 해야만 해요
우리는 서로를 구제해야만 해요
사랑이 있는 곳에서
내가 있을 게요
난 나의 손을 그대에게 뻗겠어요
당신이 하는 모든 일을 믿겠어요
내 이름을 부르기만 하면 내가 거기에 있을 거예요

그대를 위로하기 위해 그 곳에 있을 거예요
그대 곁에 나의 꿈의 세계를 만들겠어요
난 그대를 찾게 되어 너무도 기뻐요, 그래요
강한 사랑으로 그대 곁에 있을 거예요
난 그대의 힘이 되겠어요
알겠죠, 난 계속 견뎌낼 거예요

내가 그대의 마음을 기쁨과 웃음으로 채워줄 게요
함께 하는 것, 글쎄요 그게 내가 추구하는 전부에요
단지 내 이름만 부르세요
내가 그곳에 있을 게요 (그래요, 그래요)

내가 그대를 보호해주기 위해 그곳에 있을 게요 (그래요 사랑하는 이여)
그대를 존경하는 이기적이 아닌 사랑으로
단지 내 이름만 부르세요
내가 그곳에 있을 게요

그대를 위로하기 위해 그 곳에 있을 거예요
그대 곁에 나의 꿈의 세계를 만들겠어요
난 당신을 찾게 되어 너무도 기뻐요, 그래요
강한 사랑으로 당신 곁에 있을 거예요
난 그대의 힘이 되겠어요
알겠죠, 난 계속 견뎌낼 거예요

만약 그대가 새로운 누군가를 찾게 된다고 해도
그녀가 그대에게 나보다 더 잘 할 거란 걸 난 알아요
만일 그녀가 그렇지 않으면
내가 그곳에 있을 게요
모르겠나요, 사랑하는 이여, 그래요, 그래요

내가 그곳에 있을 게요, 내가 그곳에 있을 게요

단지 내 이름만 부르세요
그리고 내가 그곳에 있을 게요
그래요, 그래요, 그래요, 그래요, 그래요

내가 그곳에 있을 게요, 사랑하는 이여
알겠죠 내가 그곳에 있을 게요
단지 내 이름만 부르세요
그리고 내가 그곳에 있을 게요

당신의 어깨 너머를 둘러봐요
단지 내 이름만 부르세요 (그래요)
그리고 내가 그곳에 있을 게요

내가 그곳에 있을 게요
그대가 날 필요로 할 때마다
내가 그 곳에 있을 게요
모르겠나요 사랑하는 이여
내가 그곳에 있을 게요
내가 그곳에 있을 게요
단지 내 이름만 부르세요
내가 그곳에 있을 게요
내가 그곳에 있을 게요

* 영어 발음 제대로 듣거나 말하기

1) 이어지는 소리(연음)의 경우

(1) 약모음 이동

make a, dreams around, with a, With an

make a에서 away의 a가 약모음 [ə]가 되어 앞 낱말 끝부분에 가서 붙어 '메에커'로 발음된다. with a와 With an도 마찬가지 경우이다. dreams around는 around의 a가 약모음 [ə]가 되어 앞 낱말 끝부분에 가서 붙어 '쥬림저 라운드'에 가깝게 발음된다.

(2) 자음 이동

reach out, faith in, in all, world of, it's all, glad I, look over

reach out에서 reach의 ch 발음 [tʃ]가 뒤에 있는 낱말 앞부분에 가서 붙어 '리차웃'으로 발음된다. faith in에서 faith의 th 발음 [θ]가 뒤에 있는 낱말 앞부분에 가서 붙어 '훼이 쉰'에 가깝게 발음된다. in all에서 in의 자음 n이 뒤에 있는 낱말 앞부분에 가서 붙어 '이 놀'로 발음된다. it's all도 마찬가지 경우이다. world of에서 world의 자음 d가 뒤에 있는 낱말 앞부분에 가서 붙어 '월 더브'로 발음된다. of는 [əv]나 [ə]로 발음된다. glad I에서 glad의 자음 d가 뒤에 있는 낱말 앞부분에 가서 붙어 '글래 다이'로 발음된다. look over에서 look의 자음 k가 뒤에 있는 낱말 앞부분에 가서 붙어 '루 커브'로 발음된다.

2) 없어지는 소리(탈락)의 경우

must make, must bring, hand to, Just call, Build my, heart with, find someone, good to, doesn't then

must make에서 must의 t는 자음 s와 make의 자음 m 사이에 놓이기 때문에 탈락되어 '머스 메이크'로 발음된다. 이와 같이 자음과 자음 사이에 놓이는 여섯 개의 파열음인 철자—k/g, p/b, t/d—사이에 놓여 탈락되는 예로 must bring, Just call, Build my, heart with와 find someone가 해당된다.

hand to에서 hand의 d는 to의 t와 발음이 비슷하기 때문에 d가 탈락되어 '핸 터'로 발음된다. good to와 doesn't the도 마찬가지 경우이다.

3) 닮는 소리(동화)의 경우

comfort you, around you, Let me, protect you, found you, better, Don't you

comfort you에서 comfort의 t[t]와 you의 y[j]가 합쳐져 서로 닮아서 [tʃ]로 바뀌어 '캄훠츄어'에 가깝게 발음된다. 따라서 이런 현상은 영국영어(British English) 보다 미국영어(American English)에서 자주 나타나는 현상이다. protect you와 Don't you도 마찬가지 경우이다.

around you에서 around의 d[d]와 you의 y[j]가 합쳐져 서로 닮아서 [ʤ]로 바뀌어 '어라운쥬'에 가깝게 발음된다. 따라서 이런 현상은 영국영어(British English) 보다 미국영어(American English)에서 자주 나타나는 현상이다. found you도 마찬가지 경우이다.

Let me에서 Let의 t는 바로 뒤에 나온 me의 m을 닮아 t가 m으로 바뀌어 Lemme로 표기하기도 하지만, 발음은 대부분 '레미'로 발음된다.

better에서 t(t)가 강모음과 약모음 사이에 놓이면 단타음(單打音)으로 되어 t도, d도 r도 아닌 발음이 된다. better는 '베러'에 가깝게 발음된다. 이 소리는 한글로 정확하게 표기할 수 없으며 오직 소리로만 익힐 수밖에 없다. 특히 미국영어(American English)에서 두드러진 현상이다.

4) 줄어진 소리(축약)의 경우

I'll, I'm, she'd, 'Cause, doesn't, Don't

도우미동사(조동사)의 경우인 I'll와 she'd, be 동사의 경우인 I'm, 부정형인 doesn't와 Don't가 있다. 이 가운데 I'll에서 'll이 한국인이 발음하기에 가장 힘든 예이다. 그 이유는 'll은 will의 줄인 형태인데 'll'이 한국어에 없는 발음으로, 'l'은 혀를 입천장에 붙여서 소리를 내야 하는데, 한국어에는 이렇게 소리를 내는 것이 없기 때문이다.

'Cause는 Because의 줄어진 형태이다.

5) 주의해야 할 발음

Where, **dr**eams, st**r**ength, **Wh**enever

Where와 **Wh**enever에서 wh~로 시작되는 낱말은 'w' 뒤에 있는 'h'의 소리가 보통 들리지 않는다. 그러니까 Where는 '훼어'라기 보다 '웨어'에 가깝게, Whenever는 '휀 에버'라기 보다 '웬에버'에 가깝게 발음된다. 그러나 사람과 관련된 who, whose, whom은 예외로 'h'의 소리가 그대로 난다.

dreams에서 'dr~'의 발음은 '드__'와 '주'의 중간쯤 되는 소리로 '쥬'에 가깝게 발음된다. dreams는 '드림즈'라기 보다 '쥬림즈'에 가깝게 발음된다.

s**tr**ength에서 'tr~'의 발음은 '츠___'와 '추'의 중간쯤 되는 소리로 '츄'에 가깝게 발음된다. strength는 '스트렝스'라기 보다 '스츠렝스'에 가깝게 발음된다.

* 팝송에 들어 있는 쓸모 있는 영어 표현들

1. I must make a pact: **make a pact**는 '협약[협정/조약]을 체결하다[맺다], 계약을 맺다, 약속을 하다'라는 뜻으로 쓰인다. 예문들은 다음과 같다.

I **make a pact** with you, Walt Whitman.
(월트 휘트먼, 너하고 계약을 맺겠다.)

I shouldn't have made a pact with him.
(내가 그와 계약을 맺지 않아야 했어.)

They have made a pact with each other not to speak about their differences in public.
(그들은 자신들의 의견 차이에 대해 공개적으로 말을 하지 않기로 서로 협정을 맺었다.)

2. We must bring salvation back: **bring back**은 1) '~을[를] 기억나게 하다[상기시키다]', 2) '~을[를] 다시 도입하다'와 3) '~을[를] 돌려주다, ~을[를] 다시 가져다[데려다] 주다'라는 뜻으로 쓰인다.

1)의 예문들은 다음과 같다.

Pictures **bring back** happy memories!

(사진은 행복한 추억을 가져다 줘요!)

They will bring back good memories, too.

(그것들은 또한 좋은 추억들을 기억나게 할 것입니다.)

The photos bring back lots of good memories.

(그 사진을 보니 좋은 기억들이 많이 떠오른다.)

2)의 예문들은 다음과 같다.

Perhaps Britain needs to **bring back** conscription.

(아마도 영국은 다시 징병제를 도입해야 할 것이다.)

Most people are against bringing back the death penalty.

(사형 제도를 다시 도입하는 것에는 대부분의 사람들이 반대한다.)

The Government should bring back the rating system as an emergency measure, if nothing else.

(다른 방법이 없다면 정부는 긴급 조치로서 등급제를 도입해야 한다.)

3)의 예문들을 다음과 같다.

When will you **bring** it **back**?

(그거 언제 돌려주실 거죠?)

Don't worry, I'll bring her back.

(걱정 마. 내가 그녀를 다시 데리고 올게.)

Do I have to bring the car back this office?

(차는 이 영업소에서만 저가 반환해야 합니까?)

3. Where there is love / I'll be there: **where**는 부사가 아니라 접속사로 쓰이고 있다. 이런 경우는 '…한 상황[경우/곳]'라는 뜻이다. 예문들은 다음과 같다.

That's **where** you're wrong.

(그것은 당신이 틀린 부분이다.)

Where there is a will, there is a way.

(뜻이 있는 곳에 길이 있다.)

Where people were concerned, his threshold of boredom was low.

(사람들과 관련된 경우에는[관련해서는] 그가 권태를 느끼는 한계점이 낮았다[쉽게 권태를 느꼈다.)

4. I'll have faith in all you do: **have faith in** '~을 믿고 있다[신앙하다]'라는 뜻이다. 예문들은 다음과 같다.

We have great faith in his judgment.

(우리들은 그의 판단을 확신하고 있다.)

People have lost faith in the government.

(국민들은 정부를 더 이상 믿지 않게 되었다.)

He had implicit faith in their noble intentions.

(그는 그들의 숭고한 의도에 대해 암묵적인 신뢰를 품고 있었다.)

all은 관계대명사 앞에 놓이는 것(선행사)이다. all 다음에는 관계대명사 that만 오는데 이 문장은 관계대명사가 목적격으로 쓰이고 있기 때문에 생략되고 있다. 그 밑에 나오는 well it's all I'm after의 경우도 마찬가지이다.

5. You know I'll keep holding on: **you know**는 미국사람들이 말을 할 때 자주 듣는 소리일 것입니다. 이것은 '있잖아[그러니까/저기](다음 할 말을 생각할 때 씀), 알지[알잖아/거 왜 있잖아](상대방이 알고 있는 대상에 대해 언급할 때 씀), 알겠어(자신의 말을 강조할 때 씀'라는 뜻으로 쓰인다.

keep holding on에서 **keep ~ing on**은 '~을[를] 계속하다, 계속해서 ~하다'라는 뜻이다. keep ~ing on과 같은 뜻으로 keep ~ing도 함께 쓰인다. 예문들은 다음과 같다.

Don't keep on interrupting me!

(내 말하는 데 자꾸 끼어들지 마!)

We can't keep going on like this.

(우리 계속 이런 식으로 지낼 수는 없어.)

You just have to keep yourself busy and keep going.

(그저 스스로 바쁘게 지내면서 계속 살아가야 한다.)

hold on은 1) '(명령문 형태로 쓰여) 기다려[멈춰]', 2. '(곤경 · 위험을) 견뎌[참아]내다', 3) '~을[를] (제자리에) 고정시키다', 4) '(수동태로는 안 씀) (~을[를]) 계속 잡고 있다'와 5) (자기에게 유리한 것을) 고수하다[지키다]; (팔거나 주지 않고) 계속 보유하다'라는 뜻으로 쓰인다.

1)의 예문들은 다음과 같다.

Hold on please, I'm trying to connect you.

(잠깐 기다리세요. 연결해 드리겠습니다.)

Hold on a minute while I get my breath back.

(내가 숨을 돌릴 때까지 잠깐 기다려.)

There are several people ahead of you. Just hold on.

(당신 앞에 여러 사람이 기다리고 있어요. 그러니 기다리세요.)

2)의 예문들은 다음과 같다.

I can't **hold on** much longer.

(난 더 이상 버틸 수 없어.)

I'm just too sleepy to hold on.

(난 졸려서 못 견디겠어요.)

They managed to hold on until help arrived.

(그들은 구조의 손길이 도착할 때까지 간신히 견뎠다.)

3)의 예문들은 다음과 같다.

Birds **hold on** to the trees by their feet.

(새는 발로 나무에 머문다.)

These nuts and bolts hold the wheels on.

(이 너트와 볼트들 덕분에 바퀴가 제자리에 붙어 있게 된다.)

4)의 예문들은 다음과 같다.

Hold on and don't let go until I say so.

(내가 그러라고 할 때까지 놓지 말고 계속 잡고 있어.)

Hold on to the handrail to keep your balance.

(몸의 균형을 유지하기 위해 손잡이를 잡고 있으세요.)

If you cannot, hold on to the pole in the center of the car.

(그러지 못하면, 열차 중앙에 있는 기둥을 잡으십시오.)

5)의 예문들은 다음과 같다.

Hold on to your faith, my son.

(내 아들아 너의 신념을 지켜라.)

You should hold on to your oil shares.

(당신은 석유 주식들을 계속 보유하셔야 합니다.)

I'd buy a few shares now, and just hold on to them.

(저라면 당장 몇 주 사서 보유하겠습니다.)

6. Let me fill your heart: **let** me **fill**은 허용이나 허락을 하는 동사인 let 다음에 목적어(me)가 오고 그 뒤에 to 부정사(to fill)가 아닌 알몸동사(원형동사; fill)가 온다.

7. well it's all I'm after: **be after**는 '…을[를] 추구하다, …을[를] 찾다'라는 뜻으로 쓰인다.

8. I know she'd better be good to you: 'd better는 had better이다. **had better**는 '(~하는 것이) 좋을 것이다(꼭 그래야 함을 뜻함)'라는 뜻으로 쓰인다. had better는 도우미동사(조동사)를 대시하는 것으로 쓰이고, 특히 충고를 할 때 주로 쓰인다. 드물게 better 대신에 best—had best—를 쓰기도 한다. 예문들은 다음과 같다.

You **had better** see a doctor.

(넌 의사 선생님을 만나 보는 것이 좋겠다.)

You had better travel to Nova Scotia tomorrow.

(내일 노바스코샤로 가 보는 편이 좋을 것 같아요.)

It's half past two. I think we had better go home.

(이제 두 시 반이다. 집에 가는 것이 좋을 것 같다.)

9. Just look over your shoulder: **look over**는 '(얼마나 좋은지 · 큰지 등을 알아보기 위해) ~을[를] 살펴보다, …을[를] 대충 훑어보다[살펴보다]' 예문들은 다음과 같다.

He didn't dare **look over** the edge.

(그는 가장자리 아래로 내다볼 엄두가 안 났다.)

The castle looks over private parkland.

(성에서 개인 녹지가 내다보인다.)

We looked over the house again before we decided we would rent it.

(우리는 그 집을 빌리기로 결정하기 전에 다시 한 번 살펴보았다.)

기억할 만한 영어 문장

1. I'm so glad that I found you.

   (난 당신을 찾게 되어 너무도 기뻐요.)

2. Where there is love I'll be there.

   (사랑이 있는 곳에서 내가 있을 게요.)

3. Let me fill your heart with joy and laughter.

   (내가 그대의 마음을 기쁨과 웃음으로 채우줄 게요.)

* 팝송 에세이

"내가 그곳에 있을 게요"라는 가사가 반복해서 나오고 리듬감이 있게 울려퍼지는 듯하다. 그렇다면 그곳은 어디고 그곳에는 누가 있단 말인가? 그리고 왜 그곳에 있겠다는 것인가? 노래 가사에 자주 등장하는 "I'll be there"는 다양한 해석의 가능성이 있기 때문에 간단히 설명되고 쉽게 이해될 수 있는 문장은 아니라고 여겨진다. '그곳'이란 사랑하는 대상이 연인을 기다리는 곳이면서 동시에 사랑하는 사람들의 꿈이 이루어질 수 있는 곳이고 희망을 찾을 수 있는 곳이고 바람이 충족될 수 있는 장소로서의 개념이다. 어쩌면 물리적 장소로서라기 보다 심리적 장소라고 할 수 있다. 그래서 '그곳'은 충족되거나 만족될 수 없는 이상향과 같은 유토피아라고 할 수 있다. 그곳은 누구나 꿈꾸고 머릿속으로 그려볼 수 있는 곳이라 할 수 있다. 그렇다면 그곳에 있는 사람은 화자의 꿈이 이루어질 수 있는 대상이자 화자의 욕망이 충족될 수 있는 대상이고 사랑이 제대로 이루어질 수 있는 대상이라고 할 수 있다. 그리고 그곳에 있겠다는 이유는 모든 조건들이 만족스럽게 펼쳐질 수 있는 곳이기에 누구나 이상과 꿈을 가진 사람들이 그려보고 이루어질 가능성을 점쳐 볼 수 있기 때문일 것이다. 그래서 어떤 경우에는 "I'll be there"를 "내가 기다릴 게요"라고 옮길 수도 있을 것이다. 간단하게 보이는 이것은 어쩌면 앞에서 말한 바와 같이 다양한 해석과 특징을 갖고 있는 표현이라고 할 수 있다.

"단지 내 이름만 부르세요"라는 표현에서 '이름'은 글자 그대로의 이름만을 가리키는 것일까? 그렇지 않으리라 생각된다. 이름은 한 개체의 특징을 드러내는 징표이자 기호이자 상징을 나타내는 것이다. 또한 이름은 주체성을 가리킨다. 따라서 이름을 부른다는 것은 독립된 인격체로서의 존재를 긍정하고 인정한다는 뜻이다. 이름을 지킨다는 것은 중요한 의미를 지니고 있다고 볼 수 있다. 이름이 손상되면 주체성이 손상되는 것이고 이름이 망가지면 인격체로서의 모습이 없어지는 것이고 이름을 남기지 못하면 존재로서의 가치를 차후에 남기지 못한다는 뜻이다. 이름을 부른다는 것은 소유로서의 가치가 아닌 존재로서의 가치를 인정하는 것이기 때문에 그만큼 소중한 의미를 지닌다고 할 수 있다.

우리가 살면서 늘 곁에 함께 할 수 있는 사람이 있다는 것은 그만큼 자기 관리를 제대로 해왔다는 것을 의미한다고 볼 수 있다. 개별적인 존재로서의 인간은 이기적인 욕망의 덩어리가 마음 한 구석에 떡 버티고 있기 때문에 상당한 기간 동안 문제가 없이 함께 하기가 싶지 않다. 인간관계에서 일정한 거리유지가 이루어지면서 상대방에 대한 인격 침해가 일어나지 않으면서 서로를 존중해 줄 때 비로소 원만한 관계가 지속될 수 있기 때문이다. 인간이 독립된 개체이긴 하지만 사회적 동물이기 때문에 기본적이면서 필수적인 인간관계를 맺지 않을 수 없다. 가까운 사이일수록 팽팽한 긴장감과 거리 유지는 마라톤과 같은 인간의 삶에서 놓치지 않아야 할 자세이자 태도이다.

Don't Know Why

Sung by Norah Jones

I waited 'til I saw the sun
I don't know why I didn't come
I left you by the house of fun
I don't know why I didn't come
I don't know why I didn't come

When I saw the break of day
I wished that I could fly away
Instead of kneeling in the sand
Catching teardrops in my hand

My heart is drenched in wine
But you'll be on my mind
Forever

Out across the endless sea
I will die in ecstasy

But I'll be a bag of bones
Driving down the road alone

My heart is drenched in wine
But you'll be on my mind
Forever

Something has to make you run

I don't know why I didn't come
I feel as empty as a drum

I don't know why I didn't come
I don't know why I didn't come
I don't know why I didn't come

이유를 몰라요

노라 존스의 노래

나는 해가 뜰 때까지 기다렸어요
나는 당신에게 왜 가지 않았는지 모르겠어요
나는 즐거움이 있는 집을 남겨 두고 당신을 떠나 버렸죠
니는 당신에게 왜 가지 않았는지 모르겠어요
나는 당신에게 왜 가지 않았는지 모르겠어요

내가 밝아오는 것을 봤을 때
내가 멀리 날아갈 수 있기를 나는 바랬어요
모래 위에 무릎을 꿇지 않고
떨어지는 눈물을 내 손으로 받으며

내 마음은 와인에 흠뻑 젖어 있어요
하지만 당신은 내 마음에 영원히 있을 거예요
영원히

끝없는 바다를 건너 멀리 나가
난 환희 속에서 죽고 싶어요
하지만 뼈만 앙상하게 남겠지요
도로 위에 홀로 내버려진 채

내 마음은 와인에 흠뻑 젖어 있어요
하지만 당신은 내 마음에 영원히 있을 거예요
영원히

어떤 일이 당신을 떠나게 만든 건가요
나는 당신에게 왜 가지 않았는지 모르겠어요
나는 북소리처럼 공허하게 느껴져요
나는 당신에게 왜 가지 않았는지 모르겠어요
나는 당신에게 왜 가지 않았는지 모르겠어요
나는 당신에게 왜 가지 않았는지 모르겠어요

* 영어 발음 제대로 듣거나 말하기

1) 이어지는 소리(연음)의 경우

(1) 약모음 이동

fly away, be a, road along

fly away에서 away의 a가 약모음 [ə]가 되어 앞 낱말 끝부분에 가서 붙어 '후라이어 웨이'에 가깝게 발음된다. be a에서 a가 약모음 [ə]가 되어 앞 낱말 끝부분에 가서 붙어 '비어'로 발음된다. road along에서 along의 a가 약모음 [ə]가 되어 앞 낱말 끝부분에 가서 붙어 '로더 롱'으로 발음된다.

(2) 자음 이동

house of, When I, break of, instead of, teardrops in, heart is, drenched in, bag of, make you

house of에서 house의 자음 s가 뒤에 있는 낱말 앞부분에 가서 붙어 '하우서브'로 발음된다. house 낱말의 끝에 있는 모음 e는 약하게 발음되기 때문에 무시해도 될 정도이다. of는 [əv] 또는 [ə]로 발음된다. break of, instead of와 bag of도 마찬가지 경우이다. When I에서 When의 자음 n이 뒤에 있는 낱말 앞부분에 가서 붙어 '웨 나이'로 발음된다. teardrops in에서 teardrops의 자음 s가 뒤에 있는 낱말 앞부분에 가서 붙어 '티어져랍 신'으로 발음된다. heart is에서 heart의 자음 t가 뒤에 있는 낱말 앞부분에 가서 붙어 '하 티즈'에 가깝게 발음된다. drenched in에서 drenched에서 -ed의 발음이 [t]가 뒤에 있는 낱말 앞부분에 가서 붙어 '져렌치 틴'으에 가깝게 발음된다. make you에서 make의 자음 k는 뒤에 있는 낱말 앞부분에 가서 붙어 '메이 큐'로 발음된다. make 낱말의 끝에 있는 모음 e는 약하게 발음되기 때문에 무시해도 될 정도이다.

2) 없어지는 소리(탈락)의 경우

don'**t** know, didn'**t** come, wish**ed** that, coul**d** fly, en**d**less, endle**ss** sea, woul**d** die, em**p**ty

don'**t** know에서 don't의 t는 자음 n과 know의 자음 k 사이에 놓이기 때문에 탈락되어 '던 노우'로 발음된다. 이와 같이 자음과 자음 사이에 놓이는 여섯 개의 파열음인 철자—k/g, p/b, t/d—사이에 놓여 탈락되는 예로 didn'**t** come, coul**d** fly, en**d**less와 em**p**ty가 해당된다.

wish**ed** that에서 wished의 -ed 발음 [t]는 that의 th 발음 [ð]과 비슷하기 때문에 앞의 [t]가 탈락되어 '위쉬 댓'에 가깝게 발음된다.

endle**ss** sea에서 endless의 ss는 sea의 s와 같은 철자이기 때문에 탈락되어 '엔리 시'로 발음된다. woul**d** die도 마찬가지 경우이다.

3) 닮는 소리(동화)의 경우

wai**t**ed, lef**t** **y**ou

wai**t**ed에서 t가 강모음과 약모음 사이에 놓이면 단타음(單打音)으로 되어 t도, d도 r도 아닌 발음이 된다. waited는 '웨이리드'에 가깝게 발음된다. 이 소리는 한글로 정확하게 표기할 수 없으며 오직 소리로만 익힐 수밖에 없다. 특히 미국영어(American English)에서 두드러진 현상이다.

lef**t** **y**ou에서 left의 t[t]와 you의 y[j]가 합쳐져 서로 닮아서 [tʃ]로 바뀌어 '레후츄'에 가깝게 발음된다. 따라서 이런 현상은 영국영어(British English) 보다 미국영어(American English)에서 자주 나타나는 현상이다.

4) 줄어진 소리(축약)의 경우

'til, don**'t**, you**'ll**

'til은 until의 줄어진 형태이다.

부정형인 do**n't**와 도우미동사(조동사)의 경우인 you**'ll**이 있다. 이 가운데

you'll에서 'll이 한국인이 발음하기에 가장 힘든 예이다. 그 이유는 'll은 will의 줄인 형태인데 'll'이 한국어에 없는 발음으로, 'l'은 혀를 입천장에 붙여서 소리를 내야 하는데, 한국어에는 이렇게 소리를 내는 것이 없기 때문이다.

5) 주의해야 할 발음

why, When, teardrops, drenched, has to

why와 When에서 wh~로 시작되는 낱말은 'w' 뒤에 있는 'h'의 소리가 보통 들리지 않는다. 그러니까 why는 '화이'라기 보다 '와이'에 가깝게, When은 '휀'이라기 보다 '웬'에 가깝게 발음된다. 그러나 사람과 관련된 who, whose, whom은 예외로 'h'의 소리가 그대로 난다.

teardrops와 drenched에서 'dr~'의 발음은 '드_'와 '주'의 중간쯤 되는 소리로 '쥬'에 가깝게 발음된다. teardrops는 '티어드랍스'라기 보다 '티어쥬랍스'에 가깝게, drenched는 '드렌치트'라기 보다 '쥬렌치트'에 가깝게 발음된다.

* 팝송에 들어 있는 쓸모 있는 영어 표현들

1. the house of fun: **house of fun**은 '재미[즐거움]가 있는 집'이란 뜻을 '재미[즐거움]로 가득 찬 집'이란 뜻으로 이해하면 된다.

2. fly away: **fly away**는 '날아가다'라는 뜻으로 쓰인다. 예문들은 다음과 같다.

The parrot squawked and **flew away**.
(그 앵무새가 꽥꽥 울더니 날아가 버렸다.)

I was sad when I saw geese flying away.
(나는 기러기 떼가 날아가는 것을 보았을 때 슬펐다.)

The bird flapped its wings and flew away.
(그 새는 날개를 퍼덕이며 날아가 버렸다.)

3. be on my mind: **be on one's mind**는 '마음에 있다, 마음에 남아 있다, 머릿속에 남아 있다'라는 뜻으로 쓰인다.

You've **been on my mind** all day.
(하루 종일 네가 마음에 걸렸어.)
This is birthday that will be on my mind forever!
(이번 생일은 내게 영원히 기억될 거야!)
Through love like a flame you will be on my mind forever.
(불꽃처럼 타오르는 사랑으로 영원히 넌 내 가슴속에 타오를 거야.)

4. make you run: **make you run**에서 make 다음에 목적어(you)가 나오고 그 뒤에 to 부정사가 나와야 되는데 make가 강제성을 띄고 있는 경우 알몸동사(원형동사; bare infinitive)가 쓰여 to run이 아니라 run으로 된다.

5. as empty as a drum: **as ~ as ...**는 '…만큼 ~한'이란 뜻으로 주로 쓰인다. 이런 예문들은 다음과 같다.

You're **as** tall **as** your father.
(네 키가 아버지만큼 크구나.)
He was as white as a sheet.
(그는 (얼굴이) 백지장처럼 새하얗다.)
She doesn't play as well as her sister.
(그녀는 언니[동생]만큼 (연주/운동을) 잘 하지 못한다.)

기억할 만한 영어 문장

1. I feel as empty as a drum.
(나는 북소리처럼 공허하게 느껴져요.)
2. My heart is drenched in wine.
(내 마음은 와인에 흠뻑 젖어 있어요.)
3. I don't know why I didn't come.
(나는 당신에게 가지 않았는지 이유를 모르겠어요.)

* 팝송 에세이

인간은 만남을 통해 새로운 세계를 만들 수 있다. 자기만의 세계가 아닌 더 넓은 세계를. 그 세계는 도전도 있을 수 있고, 갈등도 있을 수 있고, 자기 세계와 배치되는 경우도 있다. 만남을 통해 수많은 이야기를 만들어가기도 하지만, 아름답지 않은 이야기로 엮어지거나 이야기가 제대로 마무리 지어지지 않을 때는 서로 헤어질 수도 있다. 헤어지는 사연이야 다양할 수 있지만 만남 그 자체는 헤어짐이나 이별을 이미 예약하고 있고, 만남 한 가운데 이별을 품고 있다고 볼 수 있다. 달리 말하면 만나는 순간부터 이별을 생각해야 되고, 그 이별이 멋진 이별이 될 수 있도록 멋진 만남과 동시에 멋진 이별 연습이나 멋진 이별 방법을 찾는 노력도 뒤따라야 할 것이다. 이런 것은 살면서 죽음을 이미 예약하고 있는 것과 마찬가지일 것이다. 이별의 아픔을 어떻게 이겨내고 극복할 것인가는 이별한 사람의 전 인격이 걸려 있는 문제일 것이다.

즐거움이 가득 찬 만남을 뒤로 하고 사랑하는 사람으로부터 떠나버린 후 잊을 수 없는 마음에 나름대로 몸부림을 치는 모습이랄까? 와인을 마실 때 와인의 색깔, 향, 맛과 마시는 분위기에 흠뻑 취해 있듯이 이별 후의 마음도 와인 세계에 빠져 있다. 그러면서 잊을 수 없는 당신을 마음속에 생각하고 있고 영원히 마음속에 간직하고 싶을 뿐이다. 그것도 얼마간이 아니라 영원히 간직하고 싶은 것이다. 이토록 사랑하고 있으면서 정작 또 다시 사랑하는 사람에게 가지 않은 이유는 어디에 있을까? 환희에 가까운 즐거운 시간도 있었고, 슬퍼서 눈물도 흘리기도 했지만 사랑하는 사람인 당신이자 그대에게 가지 못하는 절절한 사연을 짐작만 할 따름이다. 그래서 "나는 당신에게 왜 가지 않았는지 모르겠어요"를 되뇌이며 그 되뇌임이 메아리처럼 되돌아오듯이 반복되고 있다.

우리가 놓치지 않아야 할 부분이 "난 환희 속에서 죽고 싶어요"라는 가사이다. 환희와 죽음은 서로 반대되는 개념이 서로 작용하고 있는 것이다. 일종의 모순어법이라고 할 수 있다. 가령 '슬프디 슬픈 아름다움'이나 '비극적 황홀감' 등과 같은 경우라 할 수 있다.

일반적으로 나이가 들면 사람들은 고통스러운 죽음보다 편안한 죽음을 맞이했으면 하고 바라는 것이다. 편안한 죽음을 맞이하기란 쉽지 않을 것이다. 죽음 직전까지 어떻게 살아왔느냐의 전 과정이 순간의 죽음에 그대로 반영되어 나타나는 것처럼 여겨지기 때문이다. 편안한 죽음이 생을 마감하는 순간 또 다른 행복감이라고 볼 수 있다. 미소를 지으며 행복감에 젖어 죽음을 맞이하는 모습의 아름다움. 그런데 이보다 더한 극적인 죽음은 환희나 기쁨 속에서 죽음을 맞이하는 경우가 아닐까? 죽음 이후의 모습인 앙상한 뼈나 길 위에 내버려진 모습에 상관없이 아름다운 추억을 간직한 채 흡족한 모습으로 죽음과 대면할 수 있는 행복이 주어지길 기대하거나 바라고 있을 수 있다고 보여진다. 그러나 그런 죽음은 누구에게나 쉽게 다가오는 것은 아닐 것이다. 살아오면서 죽음을 대비나 준비를 해 온 사람만이 누릴 수 있는 것이 아닐까? 사랑하는 사람과 함께 하지 않더라도 물리적 거리에 상관없이 아름다운 추억을 마음에 간직한 채 살아가는 것도 죽음을 맞이하는 것도 커다란 행복이 아닐까?

Will You Still Love Me Tomorrow

Sung by Norah Jones

Tonight you're mine completely
You give your love so sweetly
Tonight the light of love is in your eyes
Will you love me tomorrow?

Is this a lasting treasure
Or just a moment's pleasure?
Can I believe the magic of your sights?
Will you still love me tomorrow?

Tonight with words unspoken
You say that I'm the only one
But will my heart be broken
When the night meets the morning sun

I'd like to know that your love
Is a love I can be sure of
So tell me now and I won't ask again
Will you still love me tomorrow?
Will you still love me tomorrow?
Will you still love me tomorrow?

당신이 내일도 여전히 나를 사랑할 건가요

노라 존스의 노래

오늘밤 당신은 완전히 내 것이에요.
당신은 너무 달콤하게 당신의 사랑을 주네요.
오늘밤 사랑의 빛이 당신 눈망울에 있어요.
딩신이 내일도 나를 사랑할 건가요?

이건 지속되는 보물 같은 건가요
아니면 순간의 즐거움 같은 건가요?
내가 마법 같은 당신 모습을 믿을 수 있을까요?
당신이 내일도 여전히 나를 사랑할 건가요?

말로는 표현할 수 없는 오늘밤
당신은 내가 유일한 사람이라고 말하죠.
하지만 밤이 아침 해를 맞으면 내 마음이 아프게 될까요

당신의 사랑이 내가 확신할 수 있는 사랑인지 알고 싶어요
그러니 내게 지금 알려 주세요 그리고 난 다시 묻지 않을 거예요
당신이 내일도 여전히 나를 사랑할 건가요?
당신이 내일도 여전히 나를 사랑할 건가요?
당신이 내일도 여전히 나를 사랑할 건가요?

* 영어 발음 제대로 듣거나 말하기

1) 이어지는 소리(연음)의 경우

(1) 약모음 이동

this a, just a, is a, ask again

this a는 일반적으로 약모음 이동이 되는데, 노라 존즈는 this 다음에 한 박자 쉬고 부르기 때문에 약모음 이동이 일어나지 않고 있다. 그렇지만 다른 가수들은 약모음 이동으로 부르기도 한다. just a에서 away의 a가 약모음 [ə]가 되어 앞 낱말 끝부분에 가서 붙어 '저스터'로 발음된다. is a도 마찬가지 경우이다. ask again에서 again의 a가 약모음 [ə]가 되어 앞 낱말 끝부분에 가서 붙어 '애스커 겐' 또는 '애스커 게인'으로 발음된다. again은 미국영어)(American English)와 영국영어(British English)에서 발음이 다르다. 이것은 미국영어에서는 어겐[əgen]으로 발음되고, 영국영어에서는 어게인[əgein]으로 발음된다.

(2) 자음 이동

light of, love is in, that I'm

light of에서 light의 자음 t가 뒤에 있는 낱말 앞부분에 가서 붙어 '라이 터브'로 발음된다. of는 [əv] 또는 [ə]로 발음된다. love is in에서 love의 자음 v가 뒤에 있는 낱말 앞부분에 가서 붙어 '러 비즈'로 발음된다. love의 끝에 있는 모음 e는 약하게 발음되기 때문에 거의 무시해도 될 정도이다. 그리고 is in에서 is의 자음 s가 뒤에 있는 낱말 앞부분에 가서 붙어 '이진'으로 발음된다. love is in은 전체적으로 '러 비진'으로 발음된다. that I'm에서 that의 자음 t가 뒤에 있는 낱말 앞부분에 가서 붙어 '대 아임'에 가깝게 발음된다.

2) 없어지는 소리(탈락)의 경우

Tonigh**t** the, wor**d**s, hear**t** be, nigh**t** meets, won'**t** ask

Tonigh**t** the에서 Tonight의 t가 바로 뒤에 나오는 the의 th- 발음 [ð]와 발음이 비슷하기 때문에 탈락되어 '터나이 더'에 가깝게 발음된다.

wor**d**s에서 words의 d는 자음 r과 자음 s 사이에 놓이기 때문에 탈락되어 '워즈'로 발음된다. 이와 같이 자음과 자음 사이에 놓이는 여섯 개의 파열음인 철자—k/g, p/b, t/d—사이에 놓여 탈락되는 예로 heart be, nigh**t** meets, won'**t** ask가 해당된다.

3) 줄어진 소리(축약)의 경우

you**'re**, moment**'s**, I'm, I**'d**, wo**n't**

be 동사의 경우인 you**'re**, moment**'s**와 **I'm**, 도우미동사(조동사)의 경우인 I'**d**, 부정형인 wo**n't**가 있다.

4) 주의해야 할 발음

treasure, **Wh**en

treasure에서 'tr~'의 발음은 '츠___'와 '추'의 중간쯤 되는 소리로 '츄'에 가깝게 발음된다. treasure는 '트레쥬어'라기 보다 '츠레쥬어'에 가깝게 발음된다.

When에서 wh~로 시작되는 낱말은 'w' 뒤에 있는 'h'의 소리가 보통 들리지 않는다. 그러니까 What은 '휀'이라기 보다 '웬'에 가깝게 발음된다. 그러나 사람과 관련된 who, whose, whom은 예외로 'h'의 소리가 그대로 난다.

* 이 팝송에 들어 있는 쓸모 있는 영어 표현들

1. lasting: **lasting**은 형용사로 '영속적인, 지속적인'이란 뜻이다. 예문들은 다음과 같다.

   The training was of no **lasting** value.
   (그 훈련은 지속적인 가치가 없었다.)
   Her words left a lasting impression on me.
   (그녀의 말은 내게 영속적인 [오랜] 감명을 남겼다.)
   I formed several lasting friendship at college.
   (나는 대학 시절에 몇 명과 지속적인 우정을 쌓았다.)

2. sights: **sight**는 '시력, 시야, 시계'라기 보다 '(눈에 보이는) 모습[광경]'으로 볼 수 있다.

3. be sure of: **sure of sth** 또는 sure of doing sth으로 쓰여 '확실히[틀림없이] ~을[를] 받을/~을[를] 할, ~을[를] 확신하는'이란 뜻이다. 예문들은 다음과 같다.

   I hope you are **sure of** your facts.
   (나는 당신 진술이 확실한 것이기를 바랍니다.)
   You're always sure of a warm welcome there.
   (그곳에서는 언제든지 틀림없이 따뜻한 환영을 받으실 겁니다.)
   England must win this game to be sure of qualifying for the World Cup.
   (잉글랜드가 확실히 월드컵 출전 자격을 얻으려면 이번 경기를 반드시 이겨야 한다.)

4. will my heart be broken: **one's heart be broken**은 '누구의 마음이 상하다, 누구의 마음이 찢어질 듯 아프다, 누구는 낙담이 되다'라는 뜻이다.

Her heart was broken.

(그 여자는 낙담이 되었다.)

When I read about it, my heart was broken.

(내가 그것에 관해 읽어보았을 때 내 마음이 상했다.)

No matter how badly your heart is broken, the world does not stop for your grief.

(아무리 당신의 마음이 아파도 세상은 당신의 슬픔을 위해 멈추지 않는다.)

기억할 만한 영어 문장

1. Will you still love me tomorrow?

   (당신이 내일도 여전히 나를 사랑할 건가요?)

2. Tonight the light of love is in your eyes.

   (오늘밤 사랑의 빛이 당신 눈망울에 있어요.)

3. I'd like to know that your love is a love I can be sure of.

   (당신의 사랑이 내가 확신할 수 있는 사랑인지 알고 싶어요.)

* 팝송 에세이

누구나 사랑하는 사이에 일어날 수 있는 궁금증을 노래하고 있다고 볼 수 있다. 사랑은 만들어가는 것이지만 사랑의 완성은 어디에 있을까? 사랑 행위가 완성은 아닐 것이다. 사랑을 만들어가는 과정에서의 정성스러움과 마음씀, 서로의 부족함을 채워주고 따독거려 주는 배려 등이 중요한 요소일 것이다. 그렇지만 일반적으로 사랑의 완성은 의식적으로나 무의식적으로 육체적인 만남을 그리고 있는 경우가 많은 것이다. 육체적인 만남은 사랑의 완성이 아니라 절정이자 시간상으로 순간이라고 말할 수 있다. 연극에서 절정은 짧은 시간이나 점으로 이루어지듯이 절정 이후는 대단원을 거쳐 연극이 마무리가 지어져야 하기 때문이다. 사랑을 확인하는 순간 사랑을 증명할 수 없는 기묘함. 최고의 사랑과 절망감, 더 이상 완성시킬 수 없는 느낌, 더 이상 재현되지 않을 최고의 순간이 저 높이 있기에 다시 도달하는데 커다란 어려움이 뒤따르기 마련이다.

"오늘밤 당신은 완전히 내 것이에요"에서 사랑하는 상대방이 존재 가치가 아닌 소유 가치로 되어 버린 것이다. 소유할 수 없음에도 소유하고 있다는 생각 자체가 이미 불안의 씨앗을 안고 있다고 볼 수 있다. 말이 아닌 실질적으로 소유할 수 없는 독립된 인격체이기에 서로에 대한 존중심이 마음의 중심에 자리를 잡고 있지 않으면 소유했다고 생각하는 순간부터 차지할 수 없을 것 같은 불안감은 시작되는 것이다. 그리하여 소유 이전의 달콤한 사랑의 느낌도 사랑할 때의 눈망울에 어려 있는 사랑의 빛도 사라질까봐 걱정이 되는 것이다. 그래서 "당신이 내일도 나를 사랑할 건가요?"라고 질문을 던져볼 수밖에 없다. 진짜 사랑하는 관계이거나 불안한 마음이 없다면 이런 질문 자체가 필요 없을 것이다. 사랑은 꿈을 키워가듯이 만나는 매 순간 사랑을 만들어가는 과정에 의미가 녹아 있기 때문이다. 만들어가는 과정에서는 보물도 순간의 즐거움도 마법 같은 모습도 상반된 것이 아닌 사랑의 다채로운 모습이 될 것이다. 그리고 불안해 할 필요도 없을 것이다.

우리가 산에 오를 때 정상에 오래 머무르고 싶지만 생각만큼 오래 머무르지 못하듯이 사랑하는 연인 사이에서 이루어지는 사랑에서도 진정한 즐거움, 쾌감과 지극한 아름다움은 어쩌면 짧은 시간과 맞닿아 있을지도 모른다. 그렇지만 그런 정서는 오랜 기간동안 주욱 이어져 아름다운 추억으로 남아 있는 경우가 많다. 짧지만 오래 간직할 수 있는 그 무엇은 우리들에게 소중한 가치로 남아 있을 것이다. 어쩌면 순간의 기쁨과 즐거움이 생명의 불꽃처럼 여전히 연인들의 마음속에 타오르고 있으면 영원하지 않을까?

★ 덧붙이는 글 ★

이 노래는 여러 가수들이 부른 노래이다.

이 노래 둘째 연의 셋째 줄에 있는 가사 in your sight는 in your sigh로 되어 있는 경우가 많이 있다. 그러나 이 노래의 맥락을 보면 in your sight로 보아야 할 것이다. 그리고 첫째 연의 넷째 줄의 Will you love me tomorrow?는 But will you love me tomorrow?로 부르는 가수가 있는데 노라 존즈의 노래에서는 빠져 있어 Will you love me tomorrow?로 제시한다. 그리고 둘째 연의 넷째 줄 Will you still love me tomorrow?도 가수에 따라 And will you still love me tomorrow?로 부르기도 하는데 노라 존즈의 노래에서는 And가 빠진 채 부르고 있어서 Will you still love me tomorrow?로 제시하였다. 이 노래에 나오는 의문문 끝에 물음표(?)를 붙이는 경우도 있고, 붙이지 않는 경우도 있는데, 일반적인 형태로 보아 그냥 물음표를 붙여 놓았다.

우리가 산에 오를 때 정상에 오래 머무르고 싶지만 생각만큼 오래 머무르지 못하듯이 사랑하는 연인 사이에서 이루어지는 사랑에서도 진정한 즐거움, 쾌감과 지극한 아름다움은 어쩌면 짧은 시간과 맞닿아 있을지도 모른다. 그렇지만 그런 정서는 오랜 기간동안 주욱 이어져 아름다운 추억으로 남아 있는 경우가많다. 짧지만 오래 간직할 수 있는 그 무엇은 우리들에게 소중한 가치로 남아 있을 것이다. 어쩌면 순간의 기쁨과 즐거움이 생명의 불꽃처럼 여전히 연인들의 마음속에 타오르고 있으면 영원하지 않을까?

Hello

Sung by Adele

Hello, it's me
I was wondering if after all these years you'd like to meet
To go over everything
They say that time's supposed to heal ya
But I ain't done much healing

Hello, can you hear me?
I'm in California dreaming about who we used to be
When we were younger and free
I've forgotten how it felt
Before the world fell at our feet

There's such a difference between us
And a million miles

Hello from the other side
I must have called a thousand times
To tell you I'm sorry for everything that I've done
But when I call you never seem to be home

Hello from the outside
At least I can say that I've tried
To tell you I'm sorry for breaking your heart
But it don't matter, it clearly doesn't tear you apart
Anymore

Hello, how are you?
It's so typical of me to talk about myself, I'm sorry
I hope that you're well
Did you ever make it out of that town
Where nothing ever happened?

It's no secret that the both of us
Are running out of time

So hello from the other side
I must have called a thousand times
To tell you I'm sorry for everything that I've done
But when I call you never seem to be home

Hello from the outside
At least I can say that I've tried I've tried
To tell you I'm sorry for breaking your heart
But it don't matter, it clearly doesn't tear you apart
Anymore

Highs, highs, highs, highs, lows, lows, lows, lows
Anymore

Highs, highs, highs, highs, lows, lows, lows, lows
Anymore

Highs, highs, highs, highs, lows, lows, lows, lows
Anymore

Highs, highs, highs, highs, lows, lows, lows, lows
Anymore

Hello from the other side
I must have called a thousand times
To tell you I'm sorry for everything that I've done
But when I call you never seem to be home

Hello from the outside
At least I can say that I've tried I've tried
To tell you I'm sorry for breaking your heart
But it don't matter, it clearly doesn't tear you apart
Anymore

여보세요

어델의 노래

여보세요, 나야
어쨌든 이 몇 년 동안 당신이 만나보고 싶어 하는지 궁금하게 생각하고 있었어
모든 걸 검토해보기 위해
사람들은 시간이 당신을 치료해줄 거라고 말하지
하지만 난 많이 나아진 것 같진 않아

여보세요, 내 말 들리니?
난 우리가 늘 되고픈 사람에 관해 꿈을 꾸면서 캘리포니아에 있어
우리가 좀 더 젊고 자유로웠을 때
난 그게 어떤 느낌이었는지 잊고 있었어
세상이 우리 발 아래로 놓여 있기 전에

우리 둘 사이엔 큰 차이점이 있어
그리고 수만 마일이 있지

여보세요, 난 다른 쪽이야
난 수천 번도 전화를 했어야 했어
내가 한 모든 것들에 대해 미안하다고 말하기 위해
하지만 내가 전화할 때 넌 결코 집에 있는 것 같지 않아

여보세요, 난 바깥에 있어
적어도 난 말할 수 있어
내가 네 마음을 실망시킨데 대해 미안하다고 말하기 위해 노력해 왔어 노력해 왔어
하지만 그건 중요하지 않아, 그건 확실히 너의 가슴을 찢어지게 하지는 않아
더 이상은

여보세요, 잘 있니?
내가 내 자신에게 말하는 것은 그렇게 일반적이진 않아, 미안해
난 네가 잘 있길 바래
그 마을에서 나가서 성공했니
예전에 아무 것도 일어나지 않는 그곳에서?

그건 우리 둘이 시간이 다 되어가는 게
비밀이 아냐

그래서 여보세요, 난 다른 쪽이야
난 수천 번도 전화를 했어야 했어

내가 한 모든 것들에 대해 미안하다고 말하기 위해
하지만 내가 전화할 때 넌 결코 집에 있는 것 같지 않아

여보세요, 난 바깥에 있어
적어도 난 말할 수 있어
내가 네 마음을 실망시킨데 대해 미안하다고 말하기 위해 노력해 왔어 노력해 왔어
하지만 그건 중요하지 않아, 그건 확실히 너의 가슴을 찢어지게 하지는 않아
더 이상은

더 이상은

더 이상은

더 이상은

더 이상은

여보세요, 난 다른 쪽이야
난 수천 번도 전화를 했어야 했어
내가 한 모든 것들에 대해 미안하다고 말하기 위해
하지만 내가 전화할 때 넌 결코 집에 있는 것 같지 않아

여보세요, 난 바깥에 있어
난 다른 쪽이야
적어도 난 말할 수 있어
내가 네 마음을 실망시킨데 대해 미안하다고 말하기 위해 노력해 왔어 노력해 왔어
하지만 그건 중요하지 않아, 그건 확실히 너의 가슴을 찢어지게 하지는 않아
더 이상은

* 영어 발음 제대로 듣거나 말하기

1) 이어지는 소리(연결)의 경우

(1) 약모음 이동

called a, such a, And a, you apart, talk about

called a에서 away의 a가 약모음 [ə]가 되어 앞 낱말 끝부분에 가서 붙어 '콜더'로 발음된다. such a와 And a도 마찬가지 경우이다. you apart에서 apart의 a가 약모음 [ə]가 되어 앞 낱말 끝부분에 가서 붙어 '유어 팟'으로 발음된다. talk about에서 about의 a가 약모음 [ə]가 되어 앞 낱말 끝부분에 가서 붙어 '토커 바웃'으로 발음된다.

(2) 자음 이동

make it

make it에서 make의 자음 k가 뒤에 있는 낱말 앞부분에 가서 붙어 '메이 킷'으로 발음된다. make의 끝에 있는 모음 e는 약하게 발음되어 무시해도 될 정도이다.

2) 없어지는 소리(탈락)의 경우

it's so

it's so에서 it's의 s와 so의 s가 같은 철자이기 때문에 앞의 s가 탈락되어 '잇 소'로 발음된다.

3) 닮는 소리(동화)의 경우

forgotten, matter, that you, Did you

forgotten에서 t(t)가 강모음과 약모음 사이에 놓이면 단타음(單打音)으로 되어 t도, d도 r도 아닌 발음이 된다. forgotten은 '호가런'에 가깝게 발음된다. 이 소리는 한글로 정확하게 표기할 수 없으며 오직 소리로만 익힐 수밖에 없다. 특히 미국영어(American English)에서 두드러진 현상이다. matter도 마찬가지 경우이다.

that you에서 that의 t[t]와 you의 y[j]가 합쳐져 서로 닮아서 [tʃ]로 바뀌어 '대츄'에 가깝게 발음된다. 따라서 이런 현상은 영국영어(British English) 보다 미국영어(American English)에서 자주 나타나는 현상이다.

Did you에서 Did의 d[d]와 you의 y[j]가 합쳐져 서로 닮아서 [ʤ]로 바뀌어 '디쥬'에 가깝게 발음된다. 따라서 이런 현상은 영국영어(British English) 보다 미국영어(American English)에서 자주 나타나는 현상이다.

4) 줄어진 소리(축약)의 경우

it**'s**, you**'d**, ai**n't**, I**'m**, I**'ve**, Ther**e's**, do**n't**, does**n't**

be 동사의 경우인 it**'s**, I**'m**와 Ther**e's**, 도우미동사(조동사)의 경우인 you**'d**, 부정형인 ai**n't**, do**n't**와 does**n't**, have 동사의 경우인 I**'ve**가 있다.

5) 주의해야 할 발음

dreaming, **used to**, **must have called**, **tr**ied

dreaming에서 'dr~'의 발음은 '드_'와 '주'의 중간쯤 되는 소리로 '쥬'에 가깝게 발음된다. dreaming은 '드리밍'이라기 보다 '쥬리밍'에 가깝게 발음된다.

used to는 '~하곤 했다'라는 뜻으로 과거에 규칙적으로 이루어진 행위를 나타낼 때 쓰인다. 그런데 이것의 발음은 '유스터 투'가 아니라 [justə]인 '여스터'에 가깝게 들린다.

must have called는 도우미동사have+과거분사의 형태이다. 이런 형태로 되어 있는 경우에는 세 개의 낱말이 한 박자를 받아야 하기 때문에 주어진 시간 안에 발음하려면 일부를 줄이거나 또는 약하게 발음할 수밖에 없다. 이 세 개의 낱말 가운데 have가 've로 하거나 have로 되어 있다 할지라도 발음을 약하게 해야 된다. must have called는 '머스트 해브 콜드'가 아니라 '머스터브 콜드'에 가깝게 발음된다.

tried에서 'tr~'의 발음은 '츠ㅡㅡ'와 '추'의 중간쯤 되는 소리로 '츄'에 가깝게 발음된다. tried는 '트라이드'라기 보다 '츄라이드'에 가깝게 발음된다.

* 팝송에 들어 있는 쓸모 있는 영어 표현들

1. wondering if: 이 경우 **if**는 '~인지 아닌지'라는 뜻으로 쓰인다. 그러니까 '~면'의 뜻을 가진 여건 또는 조건이나 가정법으로 쓰이는 if의 쓰임새와 다르다. 예문들은 다음과 같다.

I don't know **if** the painting is authentic.
(나는 그 그림이 진품인지는 모른다.)

I wonder if he's doing his work like he's supposed to.
(그가 맡은 바 일을 제대로 하고 있는지 나는 모르겠군요.)

To tell the truth, I don't know if I can handle the job.
(사실을 말하자면, 나는 이 일을 잘 해낼 수 있을지 모르겠다.)

2. after all: **after all**은 1) '(예상과는 달리) 결국에는'과 2) '어쨌든(설명 · 이유를 덧붙일 때)'이란 뜻으로 쓰인다. 이 노래에서는 2)의 뜻으로 쓰이고 있다.

1)의 예문들은 다음과 같다.

Marriage is about choosing the right partner **after all**.
(결혼은 결국 적절한 파트너를 선택하는 일이다.)

She decided on reflection to accept his offer after all.
(그녀는 심사숙고한 끝에 결국 그의 제의를 받아들이기로 결심했다.)

He managed to buy a car after all—and a nice one at that.
(그가 결국 차를 한 대 사게 되었어. 그것도 멋진 차로.)

2)의 예문들은 다음과 같다.

After all, obesity is a growing problem.
(어찌됐든, 비만 문제는 점점 더 심각해지고 있다.)

After all, 15 minutes of exercise is better than nothing.

(어쨌든 십오 분이라도 운동을 하는 것이 하지 않는 것보다는 낫다.)

Things weren't so bad, after all. I was among friends again.

(어쨌든 사정이 그리 나쁘지는 않았다. 나는 다시 친구들과 어울렸다.)

3. go over: **go over**는 1) go over sth으로 쓰여 '~을[를] 점검[검토]하다, 거듭 살피다', 2) go over (to…)로 쓰여 '(특히 한 방이나 도시 안에서 이리저리) 다니다; (~로) 건너가다', 3) go over (with somebody)로 쓰여 '(생각 · 행동 등이) (~에게) 받아들여지다', 4) '~을[를] 조사하다'(=examine)와 5) '~을[를] 건너다'(=cross)라는 뜻으로 쓰인다. 이 노래에서는 1)의 뜻으로 쓰이고 있다.

4. time's supposed to: **be supposed to**는 1) '~하기로 되어 있다'와 2) '~할 예정이다'라는 두 가지 뜻으로 쓰인다. 이 노래에서는 1)의 뜻으로 쓰이고 있다.

1)의 예문들은 다음과 같다.

I thought we **were supposed to** be paid today.

(저는 우리가 오늘 돈[급여]을 받기로 되어 있다고 생각했는데요.)

Aren't we supposed to be at his house by five o'clock?

(우리 다섯 시까지 그 사람 집에 가기로 하지 않았나요?)

These new friends of hers are supposed to be very rich.

(그녀의 새 친구들이라는 이 사람들은 아주 부자들로 알려져 있다.)

2)의 예문들은 다음과 같다.

It **was supposed to** be turned in last Monday.

(그것은 지난 월요일에 제출될 예정이었습니다.)

The test was supposed to be given on March 10.

(그 시험은 삼 월 십 일에 치러질 것으로 예정되어 있었다.)

Originally, the statue was supposed to be finished in 1922.

(애초에 이 조각상은 1922년에 완성될 예정이었다.)

5. ya: **ya**는 you 또는 your를 일부 사람들이 발음 되는대로 하는 방식으로 나타낸 것이다. 주로 you를 발음할 때 쓰인다.

He said, "I got something for ya."
(그가 말했다. "내가 너한테 줄 게 있어.")

6. ain't: **ain't**는 be+not(am/are/is+not)의 줄인형(단축형)이거나 have/has+not의 줄인형이다. 예문은 다음과 같다.

I **ain't**[= am not] ready.
(난 준비가 되지 않았다.)

You ain't[= are not] coming.\
(너는 오지 않을 게다.)

Things ain't[=are not] what they used to be.
(사정이 이전과는 다르다.)

I ain't[= haven't] done it.
(나는 그것을 하지 못했다.)

7. fell at our feet: **fall at one's feet**는 글자 그대로는 '사람 발 밑에 엎드리다'라는 뜻이다. '세상이 우리의 발 밑에 엎드린다[있다]'는 뜻은 두 사람의 관계가 좋아서 세상이 우리 위에 있는 것이 아니라 우리 밑에 있다는 느낌이었던 시간들을 회상한다고 생각해 볼 수 있다.

8. such a difference: such a가 명사 앞에 놓일 때는 '매우, 굉장한, 대단한'이란 뜻으로 쓰인다. 그래서 **such a difference**는 '커다란 차이, 매우 큰 차이, 굉장한 차이'라고 이해하면 될 것이다.

9. break your heart: **break one's heart**는 '(실연 따위로) 몹시 실망시키다[하다], 비탄에 잠기게 하다[잠기다]'라는 뜻이다.

10. tear you apart: **tear apart**는 1) tear sth apart로 쓰여 '을[를] 갈가리 찢어[뜯어] 버리다', 2) '(국가 · 조직 등을) 서로 물어뜯게 만들다[분열시키다]', 3) '(무엇을 찾느라고) ~을[를] 마구 뒤적이다[헤집어 놓다]', 4) tear sb apart로 쓰여 '(불행 · 걱정으로) ~의 가슴이 찢어지게[미어지게] 하다', 5) tear sb/sth apart, to shreds, to bits, etc.으로 쓰여 '~을[를] 완전히 쳐부수다; ~를[을] 마구 헐뜯다[혹평하다]'와 6) '허물다, 해체하다'는 뜻으로 다양하게 쓰인다. 이 노래에서는 4)의 뜻으로 쓰이고 있다.

이 경우 tear의 발음은 [tiə] 아니라 [teə]이다.

11. It's so typical of me to talk about myself: 이것은 **It ~ of … to**의 구문이다. 일반적으로 It ~ for … to 구문과 쓰임새는 같다. 그러니까 to 이하의 내용의 주체는 of 나 for 다음에 있는 사람이다. 단지 for의 경우는 일반적으로 대부분 쓰이는 경우이지만, of의 경우는 It 다음에 사람의 성격이나 성질을 나타내는 형용사가 오는 경우에만 쓰인다. 예문들은 다음과 같다.

It is very kind **of** you **to** invite me.

(저를 초대해 주셔서 매우 감사합니다.)

It is nice of you to show me the way.

(당신이 나에게 길을 가르쳐 주셔서 감사합니다.)

It is very good of you to come to talk to us again.

(우리에게 다시 얘기하기 위해 온다니 당신은 참 좋은 분이네요.)

12. make it: **make it**은 1) '(자기 분야에서) 성공하다', 2) '(어떤 곳에 간신히) 시간 맞춰 가다', 3) '(모임 등에) 가다[참석하다]', 4) '이룩하다'와 5) '관계하다'라는 뜻으로 쓰인다. 이 노래에서는 1)의 뜻으로 쓰이고 있다.

13. running out of time: **run out of time**은 '시간이 다 되다'라는 뜻이다. 예문들은 다음과 같다.

I didn't finish the test—I **ran out of time**.

(나는 그 시험을 끝내지 못했다. 시간이 부족해서.)

I am afraid that we have run out of time.

(죄송하지만 시간이 다 되었네요.)

Since we're running out of time, let's stop here for today.

(우리는 시간 관계상 오늘은 여기까지 합시다.)

기억할 만한 영어 문장

1. It clearly doesn't tear you apart.

   (그건 확실히 너의 가슴을 찢어지게 하지는 않아.)

2. There's such a difference between us.

   (우리 둘 사이엔 큰 차이점이 있어.)

3. It's so typical of me to talk about myself.

   (내가 내 자신에게 말하는 것은 그렇게 일반적이진 않아.)

* 팝송 에세이

사람들은 헤어져 보아야 진정한 인간관계를 알 수 있나 보다. 가까이 있는 경우에는 모든 것이 하나이고 모든 문제들이 해결될 것 같은 생각이 들 것이라 여긴다. 서로 간의 갈등도 해소되고 의견 차이도 이해될 수 있을 것 같은 기분이 지배적일 것이다. 어쩌면 너무 가까이 있기 때문에 상대방을 제대로 보지 못한 것은 아닌지. 사랑하는 연인 사이의 경우 가까이 있을 때는 전혀 알지 못했던 서로의 존재를 약간 떨어져서 생각해 보면 좀 더 객관적으로 볼 수 있는 기회가 생길 것이다. 여유가 있을 때에는 혼자 여행을 떠나 보면 자신을 보다 더 객관적인 위치에 놓고 판단할 수 있는 기회가 생길 것이다. 가까이 있을 때도 적당한 거리두기를 한다면 지나친 욕심이 자제될 수 있을 것이다. 가까이 있지만 대상을 바라볼 수 있는 거리를 두게 되면 대상에 대해 팽팽한 긴장감을 가지고 바라보거나 판단할 수 있는 기회가 주어진다. 그렇다면 사랑하는 이들의 거리두기는 쉽지 않을 것이다. 그렇지만 헤어지거나 이별하게 되면 자연적으로 거리가 생기게 마련이다. 이 때 비로소 대상을 좀 더 객관적으로 생각하고 판단할 수 있는 기회가 마련되는 것이다. 이별의 책임은 쌍방에게 있겠지만 이별의 원인을 파악할 수 있으려면 거리를 둔 이후에 가능해질 것이다.

후회는 앞서는 경우가 없다. 후회를 하지 않으려 하지만 살다 보면 그게 그리 간단치 않다. 어떤 행동을 한 후 제대로 결실을 맺지 못했을 때 후회 하게 마련이다. 후회를 먼저 할 수 없듯이 후회를 하더라도 관계가 회복되는 것은 싶지 않다. 그래도 왜 헤어지게 되었는지에 대한 점검은 가능할 것이다. 관계가 이루어지고 있을 때 자존심을 앞세우지는 않았는지, 상대방을 내 눈높이에 맞추려고 하지는 않았는지, 내가 원하는 욕심을 채우지 못해 불만을 가졌던 것은 아닌지 등으로 이리 저리 생각해 볼 수 있다. 이런 여러 가지 가운데 가장 흔히 일어날 수 있는 것이 상대방의 마음을 아프게 한 경우가 큰 부분을 차지할 것이다. 이제 시간이 지나고 나니 과거의 잘못된 행동에 대해 모든 게 미안했다고 얘기하고 싶어질 것이다. 서로 다른 길을 걷고 있다 할지라도. "내가 네 마음을 실망시킨데 대해 미안하다고 말하기 위해" 전화를 걸어 본다. 멀리 떨어져서 한 때 사랑했던 연인을 향해, 그렇지만 그 연인은 계속 전화를 받지 않는다. 아쉬움만 남는다. 아쉬움만.

일단 자기 자신에 대해서도 인간관계에 있어서도 좀 더 객관적인 판단을 하려면 적당한 거리두기가 필요하다. 우리가 살다 보면 거리두기를 하지 않고 자기 자신의 우리 안에 갇혀서 생각하게 되고 판단하게 된다. 그러다 보면 상황이나 대상에 대해 제대로 판단을 내리지 못하는 경우가 많을 수밖에 없다. 따라서 가끔 시간을 내어 자신과 대상에 대해 거리두기를 통한 생각할 수 있는 여유를 갖는 것이 중요하다.

Someone Like You

Sung by Adele

I heard that you're settled down
That you found a girl and you're married now
I heard that your dreams came true
Guess she gave you things I didn't give to you

Old friend, why are you so shy?
Ain't like you to hold back or hide from the light.

I hate to turn up out of the blue uninvited
But I couldn't stay away, I couldn't fight it.
I had hoped you'd see my face and that you'd be reminded
That for me it isn't over.

Never mind, I'll find someone like you
I wish nothing but the best for you too
Don't forget me, I beg
I remember you said,
"Sometimes it lasts in love but sometimes it hurts instead"
Sometimes it lasts in love but sometimes it hurts instead

You know how the time flies
Only yesterday was the time of our lives
We were born and raised
In a summer haze
Bound by the surprise of our glory days

I hate to turn up out of the blue uninvited
But I couldn't stay away, I couldn't fight it.
I had hoped you'd see my face and that you'd be reminded
That for me it isn't over.

Never mind, I'll find someone like you
I wish nothing but the best for you too
Don't forget me, I beg
I remember you said,
"Sometimes it lasts in love but sometimes it hurts instead"

Nothing compares
No worries or cares
Regrets and mistakes
They are memories made
Who would have known how bittersweet this would taste?

Never mind, I'll find someone like you
I wish nothing but the best for you too
Don't forget me, I beg
I remember you said,
"Sometimes it lasts in love but sometimes it hurts instead"

Never mind, I'll find someone like you
I wish nothing but the best for you too
Don't forget me, I beg
I remember you said,
"Sometimes it lasts in love but sometimes it hurts instead"
Sometimes it lasts in love but sometimes it hurts instead

당신과 비슷한 누군가를

어델의 노래

난 네가 안정되고 있다는 말을 들었어
네가 어떤 아가씨를 만나 이제 결혼도 했다고
난 네 꿈이 실현되었다고 들었어
추측컨대 내가 너에게 주지 못한 무언가를 그녀는 너에게 줬겠지

오랜 친구여, 왜 그렇게 수줍어하니?
망설이거나 빛으로부터 숨는 것은 너답지 않아.

난 초대받지도 않았는데 갑자기 나타나긴 싫어
하지만, 난 가까이 가지 않을 수도 없었고, 싸우지 않을 수도 없었어
내가 바라기를 네가 내 얼굴을 쳐다봐 주고,
끝나지 않음을 나에게 네가 상기해주길

걱정하지 마, 난 너와 비슷한 누군가를 찾을 거니까
내가 소망하건데 너 또한 최상의 것만 찾기를
날 잊지 마, 제발
난 네가 한 말을 기억하고 있어
"가끔 그게 사랑으로 이어지지만, 가끔 그게 상처를 준다고"
가끔 그게 사랑으로 이어지지만, 가끔 그게 상처를 준다고

시간이 얼마나 빨리 지나가는지 넌 알잖아
오직 어제만이 우리가 살아간 시간이었다는 것을
우린 태어나서 자랐어
여름 안개 속에서
우리의 영광스런 날의 놀라운 선물에 얽매여 있지

난 초대받지도 않았는데 갑자기 나타나긴 싫어
하지만, 난 가까이 가지 않을 수도 없었고, 싸우지 않을 수도 없었어
내가 바라기를 네가 내 얼굴을 쳐다봐 주고,
끝나지 않음을 나에게 네가 상기해주길

걱정하지 마, 난 너와 비슷한 누군가를 찾을 거니까
내가 소망하건데 너 또한 최상의 것만 찾기를
날 잊지 마, 제발
난 네가 한 말을 기억하고 있어
"가끔 그게 사랑으로 이어지지만, 가끔 그게 상처를 준다고"

세상 그 어떤 것도 비교될 수 없어
그 어떤 근심도 그 어떤 걱정도
후회와 실수는
기억들이 만들어내는 것들이야.
이 맛이 얼마나 달콤 씁쓸한지를 누군들 알았을까?

걱정하지 마. 난 너와 비슷한 누군가를 찾을 거니까
내가 소망하건데 너 또한 최상의 것만 찾기를
날 잊지 마. 제발
난 네가 한 말을 기억하고 있어
"가끔 그게 사랑으로 이어지지만, 가끔 그게 상처를 준다고"

걱정하지 마. 난 너와 비슷한 누군가를 찾을 거니까
내가 소망하건데 너 또한 최상의 것만 찾기를
날 잊지 마. 제발
난 네가 한 말을 기억하고 있어
"가끔 그게 사랑으로 이어지지만, 가끔 그게 상처를 준다고"
가끔 그게 사랑으로 이어지지만, 가끔 그게 상처를 준다고

* 영어 발음 제대로 듣거나 말하기

1) 이어지는 소리(연결)의 경우

(1) 약모음 이동

found **a**, stay **a**way, In **a**

found **a**에서 a가 약모음 [ə]가 되어 앞 낱말 끝부분에 가서 붙어 '화운더'에 가깝게 발음된다. In a도 마찬가지 경우이다. stay away에서 away의 a가 약모음[ə]가 되어 앞 낱말 끝부분에 가서 붙어 '스떼이어 웨이'러 발음된다.

(2) 자음 이동

tur**n** **u**p, hur**ts** **i**nstead, ti**me** **o**f, las**ts** **in**

tur**n** **u**p에서 turn의 자음 n은 뒤에 있는 낱말 앞부분에 가서 붙어 '터 넙'으로 발음된다. hur**ts** **i**nstead에서 hurts의 자음 s가 뒤에 있는 낱말 앞부분에 가서 붙어 '허 친스데드'로 발음된다. ti**me** **o**f에서 time의 자음 m은 뒤에 있는 낱말 앞부분에 가서 붙어 '타이 머브'로 발음된다. time의 끝에 있는 모음 e는 약하게 발음 되기 때문에 무시해도 될 정도이다. of는 [əv]나 [ə]로 발음된다. las**ts** **in**에서 lasts의 자음 s가 뒤에 있는 낱말 앞부분에 가서 붙어 '래 신'으로 발음된다. -sts에서 t는 자음과 자음 사이에 놓이기 때문에 탈락되고, 남은 s와 s는 중복되기 때문에 앞의 s는 탈락된다. 따라서 lasts in은 '래 신'으로 발음된다.

2) 없어지는 소리(탈락)의 경우

hear**d** that, settl**ed** down, Gue**ss** she, didn'**t** give, hol**d** back, couldn'**t** stay, las**ts**, Boun**d** by, ha**te** to

hear**d** that에서 heard의 d와 that의 th- 발음 [ð]가 발음이 비슷하기 때문에 d가 탈락되어 '허 댓'에 가깝게 발음된다.

settl**ed** down에서 settled에서 -ed 발음 [d]는 down의 d와 발음이 같기 때문에 앞의 [d]는 탈락되어 '세틀 다운'으로 발음된다.

Guess she에서 Guess의 ss는 같은 철자가 겹치기 때문에 앞의 s는 탈락되고, she의 sh- 발음 [ʃ]는 앞의 s와 발음이 비슷하기 때문에 앞의 s는 탈락되어 '게 쉬'에 가깝게 발음된다.

didn't give에서 stand의 d는 자음 n과 before의 자음 b 사이에 놓이기 때문에 탈락되어 '디든 기브'로 발음된다. 이와 같이 자음과 자음 사이에 놓이는 여섯 개의 파열음인 철자—k/g, p/b, t/d—사이에 놓여 탈락되는 예로 hold back, couldn't stay, lasts, Bound by가 해당된다.

hate to에서 hate의 t는 to의 t와 같은 철자이기 때문에 탈락된다. hate의 끝에 있는 모음 e는 약하게 발음되기 때문에 무시해도 될 정도이다.

3) 닮는 소리(동화)의 경우

that you, settled, bittersweet

that you에서 that의 t[t]와 you의 y[j]가 합쳐져 서로 닮아서 [tʃ]로 바뀌어 '대츄'에 가깝게 발음된다. 따라서 이런 현상은 영국영어(British English) 보다 미국영어(American English)에서 자주 나타나는 현상이다.

settled에서 t(t)가 강모음과 약모음 사이에 놓이면 단타음(單打音)으로 되어 t도, d도 r도 아닌 발음이 된다. settled는 '세럴드'에 가깝게 발음된다. 이 소리는 한글로 정확하게 표기할 수 없으며 오직 소리로만 익힐 수밖에 없다. 특히 미국영어(AmE)에서 두드러진 현상이다. bittersweet도 마찬가지 경우이다.

4) 줄어진 소리(축약)의 경우

didn't, Ain't, couldn't, you'd, I'll, Don't와 isn't

부정형인 didn't, Ain't, couldn't, Don't와 isn't, 도우미동사(조동사)의 경우인 you'd와 I'll이 있다. 이 가운데 I'll에서 'll이 한국인이 발음하기에 가장 힘든 예이다. 그 이유는 'll은 will의 줄인 형태인데 'll'이 한국어에 없는 발음으로, 'l'은 혀를 입천장에 붙여서 소리를 내야 하는데, 한국어에는 이렇게 소리를 내는 것이 없기 때문이다.

5) 주의해야 할 발음

stay, why, would have known

stay에서 s+k/p/t가 되면 된소리에 가깝게 소리가 난다. 대부분 k/p/t가 들어간 낱말은 h가 들어가는 소리를 내게 되는데, s+k/p/t의 경우는 h 소리가 들어가지 않고 된소리에 가깝게 발음된다. 그러니까 stay는 '스떼이'에 가깝게 발음된다.

why에서 wh~로 시작되는 낱말은 'w' 뒤에 있는 'h'의 소리가 보통 들리지 않는다. 그러니까 why는 '화이'라기 보다 '와이'에 가깝게 발음된다. 그러나 사람과 관련된 who, whose, whom은 예외로 'h'의 소리가 그대로 난다.

would have known는 도우미동사have+과거분사의 형태이다. 이런 형태로 되어 있는 경우에는 세 개의 낱말이 한 박자를 받아야 하기 때문에 주어진 시간 안에 발음하려면 일부를 줄이거나 또는 약하게 발음할 수밖에 없다. 이 세 개의 낱말 가운데 have가 've로 하거나 have로 되어 있다 할지라도 발음을 약하게 해야 된다. would have known는 '우드 해브 노운'이 아니라 '우러브노운'에 가깝게 발음된다.

* 팝송에 들어 있는 쓸모 있는 영어 표현들

1. settled down: **settle down**은 1) '정착하다', 2) '안정되다', 3) '조용해지다'와 4) '가라앉다'라는 뜻으로 쓰인다. 이 노래에서는 2)의 뜻으로 쓰인다.

1)의 예문들은 다음과 같다.

One day I'll want to **settle down** and have a family.
(언젠가는 내가 정착해서 가정을 꾸리고 싶어질 것이다.)

When are you going to get married and settle down?
(너는 언제 결혼해서 정착할 테냐?)

They are planning to settle down in America in the future.
(그들은 장차 미국에 영주할 생각이다.)

2)의 예문들은 다음과 같다.

I can't seem to **settle down** to anything.

(나는 아무 일에도 마음 붙일 수가 없는 것 같다.)

Why don't you settle down for a second?

(잠깐 앉아서 쉬는 게 어때?)

I think if we do, we'll regret it when things settle down.

(그랬다가는 사태가 수습되고 난 뒤 우리가 후회할 것 같은데요.)

3)의 예문들은 다음과 같다.

No cooking until things **settle down**.

(조용해질 때까지 요리 금지.)

Keep a low profile till things settle down.

(조용해질 때까지 은신해 있어라.)

The children are getting so noisy that I cannot settle down to my reading.

(아이들이 떠들어서 나는 조용히 책을 읽을 수가 없다.)

4)의 예문들은 다음과 같다.

I want you to **settle down** a little bit.

(나는 조금만 차분해졌으면 좋겠어.)

Settle down and go to sleep, children.

(마음을 가라앉히고 잠들어라, 얘들아.)

I need to settle down a bit before I hit the road again.

(내가 다시 그 길을 떠나기 전에 나는 약간 차분히 있는 것이 필요하다.)

2. Ain't: **ain't**는 be+not(am/are/is+not)의 줄인형(단축형)이거나 have/has+not의 줄인형이다. 예문은 다음과 같다.

I **ain't**[= am not] ready.

(난 준비가 되지 않았다.)

You ain't[= are not] coming.

(너는 오지 않을 게다.)

I ain't[=haven't] done it.

(나는 그것을 하지 못했다.)

3. hold back: **hold back**은 1) hold sb/sth으로 쓰여 '~을[를] 저지[제지]하다', 2) hold sth back으로 쓰여 '~을[를] 비밀로 하다[말하지 않다]'와 3) hold back (from doing sth)으로 쓰여 '(~하기를) 망설이다/~를[을] 망설이게 만들다'라는 뜻으로 쓰인다.

4. turn up: **turn up**은 1) '(잃어버렸던 물건 등이, 특히 뜻밖에) 나타나다[찾게 되다]', 2) '나타나다', 3) turn sth up으로 쓰여 '(소리 · 온도 등을) 높이다[올리다]'라는 뜻으로 쓰인다. 이 노래에서는 2)의 뜻으로 쓰이고 있다.

1)의 예문들은 다음과 같다.

Don't worry about the letter—I'm sure it'll **turn up**.

(그 편지에 대해서는 걱정하지 마. 틀림없이 어디선가 나올 거야.)

I'm sure something will turn up before we have to move.

(우리가 이사 가기 전까지는 뭐가 나오겠지요.)

The police searched the house hoping to turn up more clues.

(경찰은 단서를 좀더 찾아내야겠다는 생각으로 그 집을 수색했다.)

2)의 예문들은 다음과 같다.

What are the odds he won't **turn up**?

(그가 나타나지 않을 공산이 어느 정도 되죠?)

For some obscure reason, he failed to turn up.

(무슨 알 수 없는 이유 때문인지, 그가 나타나지 않았다.)

Franklin did not turn up until well after midnight.

(프랭클린은 자정이 훨씬 지나도록 나타나지 않았다.)

3)의 예문들은 다음과 같다.

Can you **turn up** the TV?

(텔레비전 소리를 좀 키워 줄래?)

Did you turn up the heat in this room?

(너 방의 온도를 올렸니?)

I think it's set to low. Should I turn it up to high?

(에어컨이 약하게 켜져 있는 것 같아요. 저가 세게 해 드릴까요?)

5. out of the blue: **out of the blue**는 '갑자기, 난데없이'라는 뜻이다. 예문은 다음과 같다.

The decision came **out of the blue**.

(그 결정은 갑자기 나왔다.)

She appeared on my doorstep out of the blue.

(그녀는 아닌 밤중에 홍두깨식으로 우리 집에 나타났다.)

Out of the blue, she said she wanted to go on a trip.

(뜬금없이 그녀는 여행을 가고 싶다고 했다.)

6. stay away: **stay away**는 1) stay away (from sb/sth)으로 쓰여 '(~에게) 접근하지[가까이 가지] 않다'와 2) '떨어져 있다, 거리를 두다; 결석하다, 참가하지 않다; 비우다'라는 뜻으로 쓰인다. 이 노래에서는 1)의 뜻으로 쓰이고 있다.

1)의 예문들은 다음과 같다.

Take my advice and **stay away** from him!

(내 말대로 그 사람 주위에 얼씬도 하지 마!)

If I were you, pal, I'd stay away from her!

(이봐, 내가 자네라면 그녀 가까이 가지 않겠어!)

I want you to stay away from my daughter.

(난 자네가 내 딸에게 접근하지 않기를 바래.)

2)의 예문들은 다음과 같다.

Stay away from nicotine, which destroys vitamin C.

(비타민 시를 파괴하는 니코틴 섭취를 피하세요.)

The juvenile remained away from school for a week.

(그 문제아는 학교에 일주일 동안 결석했다.)

Try to stay away from sticky, sweet things like candy.

(끈적거리고 달콤한 사탕 같은 것들에서 멀리 떨어져있도록 노력하세요.)

7. Never mind: **never mind**는 1) '걱정하지 마[괜찮아]'와 2) never mind (about) (doing) sth으로 쓰여 '~은 신경 쓰지 마라(다른 더 중요한 일이 있으니까 · 내가 알아서 할 거니까)'라는 뜻으로 쓰인다. 예문들은 다음과 같다.

"**Never mind**, Ned," he consoled me.

("신경 쓰지 마, 네드."라고 그가 나를 위로했다.)

Well, never mind, John, it's not a matter of life and death.

(음, 걱정 마, 존. 이게 생사가 걸린 문제는 아니니까.)

Never mind your car—what about the damage to my fence?

(당신 차 신경은 그만 쓰고, 내 울타리 망가진 건 어떡할 거요?)

8. nothing but: **nothing but**은 '오직; 그저[단지] …일 뿐인'(=only)란 뜻이다. 예문들은 다음과 같다.

He is focused on **nothing but** winning.

(그는 이기는 데만 집중한다.)

I have nothing but praise for the police.

(나는 경찰에 대해 칭찬밖에 할 말이 없다.)

I want nothing but the best for my children.

(난 그저 내 아이들에게 최고의 것을 원하는 것뿐이에요.)

9. bound by: **bound by**는 '얽매여 있는'이란 뜻이다. 예문들은 다음과 같다.

We are not **bound by** the decision.

(우리는 그 결정에 얽매여 있지 않다.)

We are all bound by the inevitability of death.

(우리 모두는 죽음의 필연성에 매여 있다.)

All pharmacists are bound by the society's rules of confidentiality.

(모든 약사들은 사회의 비밀 유지 규칙에 따라야 한다.)

10. bittersweet: **bittersweet**는 1) '씁쓸하면서 달콤한; 괴로우면서도 즐거운', 2) '(초콜릿 등이) 설탕을 거의 넣지 않은', 3) '좋기도 하고 슬프기도 한', 4) '슬프고도 아름다운'과 5) '시원섭섭한'이란 뜻으로 쓰인다. 이것은 한 개의 낱말에 모순되는 내용이 들어 있는 낱말이다.

기억할 만한 영어 문장

1. I heard that your dreams came true

   (난 네 꿈이 실현되었다고 들었어.)

2. Never mind, I'll find someone like you

   (걱정하지 마. 난 너와 비슷한 누군가를 찾을 거니까.)

3. Sometimes it lasts in love but sometimes it hurts instead.

   (가끔 그게 사랑으로 이어지지만, 가끔 그게 상처를 주어요.)

* 팝송 에세이

사랑은 양날의 칼이다. 이로울 수도 있고 그렇지 않을 수도 있다. 등을 맞대고 있는 조각상처럼 이로움과 그르침이 한 데 어울려 있어서 어떻게 하느냐에 따라 삶에 시너지 효과를 가져올 수도 있고 삶을 그릇된 방향으로 끌고 갈 수도 있다. 그만큼 사랑의 가치가 인간의 삶에 있어서 중요하다는 뜻이다. 사랑하는 사이에 오가는 말도 "가끔 그게[한 말] 사랑으로 이어지지만, 가끔 그게 상처를 준다고"처럼 감미로울 수도 있는 반면 아픔을 줄 수도 있음을 이야기한다. 이와 같이 사랑하는 사이라 할지라도 말 한 마디 한 마디 조심을 하고 신중을 기할 필요가 있다.

이별한 후의 회상은 수많은 생각들로 가득 차 있을 수 있다. 아름다운 이별이란 어떤 것인가? 이별이 갈라섬이 아니라 아름다운 추억으로 기억될 수 있을 정도의 아린 그 무엇이라면 이별이라 할지라고 아름다운 이별이 되지 않을까? 아름답기에 생각나는 것이 많고 추억거리가 많고 잘 되었으면 하는 바람도 갖게 되는 것이다. 헤어지더라도 욕하거나 비난하거나 책망하지 않고 상대방이 예전 보다 더 나아지기를 바라고, 더 좋은 사람 만나기를 기원하고, 더 행복해지기를 소망하는 마음은 아름다운 이별의 열매라고 할 수 있지 않을까? 그래도 이별의 아픔은 남을 수밖에 없는 것이 인간의 마음이기에 잊지 않기를 바라고 또 다시 만나보고 싶은 마음을 떨쳐버릴 수 없다.

진정 사랑했다면 이별할 때도 이별 후에도 편안하게 놓아주는 미덕이 필요할 것이다. 놓아줌은 사랑했던 연인에 대한 존중이고 사랑했던 이를 온전한 인격체로 인정하는 것이고 사랑했던 시간들의 소중함을 서로 간직해 나갈 수 있는 계기가 된다. 붙들지 말고 놓아줌은 실제 현재의 실제의 모습을 인정하는 것이고 잡고자 하고 통제하고자 하는 시도를 포기하는 것이다. 놓아주면서 앞으로 어떻게 될 지에 대해서는 기회가 주어져 관망할 수 있는 기회가 생기면 물끄러미 미소를 지으면서 바라보면 될 일이다.

칼릴 지브란의 『예언자』에 나오는 다음 인용문을 이 노래와 관련지어 한 번 생각해 보는 것도 좋을 듯 싶다.

"사랑이 그대를 부르면 그를 따르라.
비록 그 길이 험하고 가파를지라도.
사랑의 날개가 그대들을 감싸 안을 땐 전신을 허락하라.
비록 사랑의 날개 속에 숨은 칼이 그대들을 상처받게 할지라도.
사랑이 그대들에게 말할 땐 그 말을 믿으라.
비록 북풍이 저 뜰을 폐허로 만들 듯 사랑의 목소리가 그대들의 꿈을 흐트러뜨려 놓을 지라도.
왜냐하면 사랑이란 그대들에게 영광의 관을 씌우는 만큼 또 그대들을 괴롭히는 것이기에. 사랑이란 그대들을 성숙시키는 만큼 또 그대들을 베어 버리기도 하는 것이기에.
사랑은 심지어 그대들 속의 가장 높을 곳까지 올라가 햇빛에 떨고 있는 그대들의 가장 부드러운 가지들을 껴안지만.
한편 사랑은 또 그대들 속의 뿌리로 내려가 대지에 엉켜 있는 그것들을 흔들어 대기도하는 것이기에."

Love Me Like You Do

Sung by Ellie Goulding

You're the light, you're the night
You're the color of my blood
You're the cure, you're the pain
You're the only thing I wanna touch
Never knew that it could mean so much, so much

You're the fear, I don't care
Cause I've never been so high
Follow me to the dark
Let me take you past our satellites
You can see the world you brought to life, to life

So love me like you do, love me like you do
Love me like you do, love me like you do
Touch me like you do, touch me like you do
What are you waiting for?

Fading in, fading out
On the edge of paradise
Every inch of your skin is a holy grail I've got to find
Only you can set my heart on fire, on fire
Yeah, I'll let you set the pace
'Cause I'm not thinking straight
My head spinning around I can't see clear no more
What are you waiting for?

Love me like you do, love me like you do
Love me like you do, love me like you do
Touch me like you do, touch me like you do
What are you waiting for?

Love me like you do, love me like you do
Love me like you do, love me like you do
Touch me like you do, touch me like you do
What are you waiting for?

Yeah, I'll let you set the pace
'Cause I'm not thinking straight
My head spinning around I can't see clear no more
What are you waiting for?

Love me like you do, love me like you do
Love me like you do, love me like you do
Touch me like you do, touch me like you do
What are you waiting for?

Love me like you do, love me like you do
Love me like you do, love me like you do
Touch me like you do, touch me like you do
What are you waiting for?

네가 하던 대로 날 사랑해줘

엘리 고울딩의 노래

넌 빛이고, 넌 밤이야
넌 내 피의 색이야
넌 치유이고, 넌 고통이야
넌 내가 살짝 만지고 싶은 유일한 존재야
그게 그렇게 커다란 의미가 될 줄은 결코 몰랐어

넌 두려움이야, 난 상관하지 않아
왜냐하면 난 이렇게 취해본 적 없거든
어둠 속까지 나를 따라 와
난 널 데리고 우리의 위성들을 지나갈 거야
넌 네가 생명을 불어넣어준 세상을 볼 수 있을 거야

그러니까 네가 하던 대로 날 사랑해줘, 네가 하던 대로 날 사랑해줘.
네가 하던 방식대로 날 사랑해줘, 네가 하던 방식대로 날 사랑해줘.
네가 하던 대로 날 살짝 만져줘, 네가 하던 대로 날 살짝 만져줘
넌 뭘 기다리고 있는 거야?

희미해지고, 다시 빛이 돌아와
천국의 끝에서
네 피부의 모든 곳은 내가 찾아야만 하는 성배와도 같아
오직 너만이 내 심장에 불을 지필 수 있어, 불을 지필 수 있어
그래, 내가 너에게 불을 지피게 할 거야
왜냐하면 난 똑바로 생각하지 않으니까
내 머리는 돌고 있고, 나는 더 이상 확실히 볼 수 없어
넌 뭘 기다리고 있는 거야?

네가 하던 대로 날 사랑해줘, 네가 하던 대로 날 사랑해줘.
네가 하던 방식대로 날 사랑해줘, 네가 하던 방식대로 날 사랑해줘.
네가 하던 대로 날 살짝 만져줘, 네가 하던 대로 날 살짝 만져줘
넌 뭘 기다리고 있는 거야?

네가 하던 대로 날 사랑해줘, 네가 하던 대로 날 사랑해줘.
네가 하던 방식대로 날 사랑해줘, 네가 하던 방식대로 날 사랑해줘.
네가 하던 대로 날 살짝 만져줘, 네가 하던 대로 날 살짝 만져줘
넌 뭘 기다리고 있는 거야?

그래, 나는 네가 앞서 달리게 해줄 게

왜냐하면 난 똑바로 생각하지 않으니까
내 머리는 돌고 있고, 나는 더 이상 확실히 볼 수 없어
넌 뭘 기다리고 있는 거야?

네가 하던 대로 날 사랑해줘, 네가 하던 대로 날 사랑해줘.
네가 하던 방식대로 날 사랑해줘, 네가 하던 방식대로 날 사랑해줘.
네가 하던 대로 날 살짝 만져줘, 네가 하던 대로 날 살짝 만져줘
넌 뭘 기다리고 있는 거야?

네가 하던 대로 날 사랑해줘, 네가 하던 대로 날 사랑해줘.
네가 하던 방식대로 날 사랑해줘, 네가 하던 방식대로 날 사랑해줘.
네가 하던 대로 날 살짝 만져줘, 네가 하던 대로 날 살짝 만져줘
넌 뭘 기다리고 있는 거야?

* 영어 발음 제대로 듣거나 말하기

1) 이어지는 소리(연음)의 경우

(1) 약모음 이동

is a

is a에서 away의 a가 약모음 [ə]가 되어 앞 낱말 끝부분에 가서 붙어 '이저'로 발음된다.

(2) 자음 이동

pas**t o**ur, ed**ge o**f, in**ch o**f

pas**t o**ur에서 past의 자음 t가 뒤에 있는 낱말 앞부분에 가서 붙어 '패스타우어'로 발음된다. ed**ge o**f에서 edge의 자음 g가 뒤에 있는 낱말 앞부분에 가서 붙어 '에 저브'로 발음된다. edge의 끝에 있는 모음 e는 약하게 발음되기 때문에 무시해도 될 정도이다. of는 [əv] 또는 [ə]로 발음된다. inch of도 마찬가지 경우이다.

2) 없어지는 소리(탈락)의 경우

don'**t** care, brough**t** to, go**t** to, se**t** the, can'**t** see

don'**t** care에서 don't의 t는 자음 n과 care의 자음 c 사이에 놓이기 때문에 탈락되어 '돈 캐이'로 발음된다. 이와 같이 자음과 자음 사이에 놓이는 여섯 개의 파열음인 철자—k/g, p/b, t/d—사이에 놓여 탈락되는 예로 can'**t** see가 해당된다.

brough**t** to의 brought의 t와 to의 t는 연이어 같은 철자가 나오기 때문에 앞의 t가 탈락되어 '브라 터'에 가깝게 발음된다. go**t** to도 마찬가지 경우이다.

se**t** the에서 set의 t는 the의 th- 발음 [ð]와 비슷하기 때문에 탈락되어 '세 더'에 가깝게 발음된다.

3) 닮는 소리(동화)의 경우

Let me, waiting, let you

Let me에서 Let의 t는 바로 뒤에 나온 me의 m을 닮아 t가 m으로 바뀌어 Lemme로 표기하기도 하지만, 발음은 대부분 '레미'로 발음된다.

waiting에서 t가 강모음과 약모음 사이에 놓이면 단타음(單打音)으로 되어 t도, d도 r도 아닌 발음이 된다. waiting은 '웨이링'에 가깝게 발음된다. 이 소리는 한글로 정확하게 표기할 수 없으며 오직 소리로만 익힐 수밖에 없다. 특히 미국영어(American English)에서 두드러진 현상이다.

let you에서 let의 t[t]와 you의 y[j]가 합쳐져 서로 닮아서 [tʃ]로 바뀌어 '레츄'에 가깝게 발음된다. 따라서 이런 현상은 영국영어(British English) 보다 미국영어(American English)에서 자주 나타나는 현상이다.

4) 줄어진 소리(축약)의 경우

You're, don't, 'Cause, I've, I'll, I'm

be 동사의 경우인 You're와 I'm, 부정형인 don't, have 동사의 경우인 I've, 도우미동사(조동사)의 경우인 I'll, be 동사의 경우인 I'm과 you're가 있다. 이 가운데 I'll에서 'll이 한국인이 발음하기에 가장 힘든 예이다. 그 이유는 'll은 will의 줄인 형태인데 'll'이 한국어에 없는 발음으로, 'l'은 혀를 입천장에 붙여서 소리를 내야 하는데, 한국어에는 이렇게 소리를 내는 것이 없기 때문이다.

5) 주의해야 할 발음

wanna, can't

wanna는 허물없이 발음하는 경우의 예이다. wanna는 want to인데 입말체에서 '완터 투'로 발음하지 않고 '와너'로 발음하고, want to로 표기가 되어 있더라고 말을 할 때는 wanna로 발음하는 경우가 대부분이다. want to에서 wanna로 바뀌는 과정은 '팝송 영어 소리를 제대로 듣는 요령'에 나와 있는 설명을 참고하기 바란다. **can't**는 can과 마찬가지로 기능낱말이기 때문에 약하게 발음한다. 그런데 can't 다음에 자음이 나오기 때문에 탈락되는 경우가 대부분이어서 can은 [kən]으로 can't는 [kæn]으로 발음하기로 약속이 되어 있다. 그런데 can이 문장 가운데 들어가는 경우가 [kən]으로 주로 발음되고 문장의 끝에 들어가는 경우에는 [kæn]으로 발음되는 경우가 대부분이다. can't는 기본적으로 [kæn]으로 발음되면서 can 보다 약간 길게 발음 되는 경향이 있다.

* 팝송에 들어 있는 쓸모 있는 영어 표현들

1. the dark: 여기서 **dark**는 명사로 쓰이고 있다. 그래서 the dark는 '(특히 밤의) 어둠/암흑/캄캄함'이란 뜻이다. 예문은 다음과 같다.

Ghostly shapes moved around in the **dark**.
(어둠 속에서 유령 같은 형체가 움직였다.)

My eyes slowly grew accustomed to the dark.
(내 눈이 서서히 어둠에 익숙해졌다.)

All the lights went out and we were left in the dark.
(불이 모두 나가 버려 우리는 캄캄한 가운데 있어야 했다.)

2. waiting for: **wait for**는 '~을[를] 기다리다'라는 뜻이다. 예문들은 다음과 같다.

We're **waiting for** the rain to stop before we go out.
(우리는 외출하기 전에 비가 그치기를 기다리고 있다.)

I walk to a street corner and wait for the school bus.
(나는 거리 모퉁이로 걸어가서 학교 버스를 기다린다.)

I could hardly wait for *Boys' Life* to appear each month.
(나는 매달 「보이즈 라이프」발행을 손꼽아 기다린다.)

3. set my heart: **set one's heart** (on doing something)는 '(…할) 결심을 하다, (…하기를) 열망[갈망]하다, ~에 열중하다, 마음을 굳게 먹다'라는 뜻이다. 예문들은 다음과 같다.

She has **set her heart** on going to Europe after graduation.
(그 여자는 졸업한 다음에 유럽에 가기로 단단히 마음먹었다.)

He set his heart on going to college, so he's been studying really hard.
(그는 대학에 들어가려고 마음을 굳게 먹고 정말 열심히 공부하는 중이다.)

If he set his heart on doing something, he would do it, no matter what types of sacrifices he had to make.
(만약 그가 무언가를 할 결심을 하면, 그는 어떤 종류의 희생이라도 감수해야 한다.)

4. on fire: **on fire**는 '(몸의 일부가) 불타는 듯한[화끈거리는]'이란 뜻이다. 그런데 on fire가 be on fire인 경우 '불타고 있다'로, 'set on fire'인 경우 1) '…에 불을 지르다'와 2) '흥분시키다, 격분시키다'로, get on like a house on fire인 겨우 '급속히 친해 지다'와 set the world on fire인 경우 '눈부신 성공을 거두다'라는 뜻으로 쓰인다. 이 노래에서는 set my heart on fire로 쓰였기 때문에 '내 심장을 흥분하게 하다'라는 뜻으로 이해하면 될 것이다.

5. thinking straight: **think straight**는 '명쾌하게[논리적으로] 생각하다'라는 뜻이다. 이 것은 이성적으로, 침착하게, 명확하게 생각한다는 뜻으로 쓰인다.
예문들은 다음과 같다.

She was so tired (that) she couldn't **think straight**.
(그녀는 너무 피곤해서 제대로 생각을 할 수가 없었다.)

Don't make a decision when you can't think straight with anger.
(네가 화가 나서 똑바로 생각하기 힘들 땐 의사결정을 하지 마라.)

Don't think straight about love, just give expression to your feelings.
(사랑에 대하여 논리 정연하게 생각하지 말고 단지 너의 감정을 표현해라.)

6. set the pace: **set the pace**는 1) '첨단[선두]을 달리다'와 2) '(경주에서) 선두를 달리다', 3) '(주자(走者) 등의) 보조를 맞춰주다; 지도하다'라는 뜻이다. set the pace가 들어간 예문은 다음과 같다.

Tom was **setting the pace** in the race.
(탐은 그 경주에서 선두로 달리고 있었다.)

Sharon Wild set a blistering pace to take the lead.
(샤론 와일드는 선두로 나서기 위해 맹렬한 속도로 달렸다.)

The company is no longer setting the pace in the home computer market.
(그 회사는 이제 더 이상 가정용 컴퓨터 시장의 첨단을 달리지 않는다.)

기억할 만한 영어 문장

1. Only you can set my heart on fire.
(오직 너만이 내 심장에 불을 지필 수 있어.)
2. You're the only thing I wanna touch.
(넌 내가 만지고 싶은 유일한 존재야.)
3. You can see the world you brought to life.
(넌 네가 생명을 불어넣은 세상을 볼 수 있을 거야.)

* 팝송 에세이

사랑의 속성은 무엇이고 사랑의 역할은 무엇이고 사랑의 행위는 어떤 것일까? 사랑하는 대상은 빛이자 밤인 존재라고 하는 것은 사랑하는 이에게 온전한 전체로 여겨진다는 것이다. 사랑하는 대상은 낮과 밤이 되는 것은 사랑하는 사람의 삶 전체를 지배한 존재라는 뜻이다. 사랑은 기본적으로 열정을 갖고 있다. 열정이 없는 사랑이 없듯이 피 색깔처럼 격렬하지는 않을지 모르지만 열정이 녹아 있어야 한다. 사랑은 우리의 영혼을 맑게 해주고 고양시키기도 하고 심리적 고통을 고쳐주기도 하지만, 제대로 사랑이 진행되지 않을 때는 서로에게 고통을 안겨준다. 가끔 그대는 사랑하는 사람에게 다가가 입맞춤을 하고 싶고 살짝 만지고 싶은 욕망을 불러일으키는 존재이기도 하다.

어떤 이유에서인지는 알 수 없지만 과거처럼 사랑하는 관계를 유지할 수 없게 되었을 때의 바람은 "네가 하던 대로 날 사랑해줘. 네가 하던 대로 날 사랑해줘"인 것이다. 더도 말고 덜도 말고 늘 해왔듯이 사랑해주는 방식으로 대해 달라는 주문이다. 그런데 그런 주문 가운데 가장 많이 요구하는 것이 예전 방식대로 살짝 만져달라고 것이다. 지나친 욕심이나 욕망도 아니면서 어찌 보면 예전만큼 사랑할 수 없는 현재에서 예전 방식대로 간절히 사랑해달라는 것이다. 그게 가능할지 그렇지 않을지는 알 수 없지만 간절한 바람은 읽을 수 있다고 본다.

그런데 이성 사이의 사랑에서 제일 먼저 확인하고자 하는 노력이 친밀한 관계를 유지하고 싶은 것이다. 의식적으로나 무의식적으로 친밀한 관계를 유지하기 위한 욕구는 완전한 융합일 것이다. 완전한 융합은 사랑하는 대상과 결합하고자 하는 갈망일 것이다. 이런 결합의 밑바탕에는 기만적인 그 무엇이 있다고 볼 수 있다. 친밀감의 확립은 성적 교섭을 통해 이루어진다. 이런 심리는 타인과의 분리를 신체적 분리를 통해 이루어지기 때문에 신체적 결합이 분리 상태를 극복한다는 믿기 때문이다. 성적 매력은 합일의 환상을 불러일으키지만 진정한 의미의 사랑이 없다면 이전과는 달리 서로 분리되는 경우가 대부분이다. 예전 방식대로 사랑해달라는 내용이 구체적으로 무엇인지는 알 수 없지만 사랑하던 관계에서 그런 관계가 소원해진 이유를 알고 현명하게 대처해나간다면 자신의 소망이 이루어질 수도 있지 않을까 생각된다.

How Long Will I Love You

Sung by Ellie Goulding

How long will I love you
As long as stars are above you
And longer if I can

How long will I need you
As long as the seasons need to
Follow their plan

How long will I be with you
As long as the sea is bound to
Wash upon the sand

How long will I want you
As long as you want me to
And longer by far

How long will I hold you
As long as your father told you,
As long as you can

How long will I give to you
As long as I live through you
However long you say

How long will I love you
As long as stars are above you
And longer if I may

(Hmm)

How long will I love you
As long as stars are above you

얼마나 오래 당신을 사랑할까요

엘리 고울딩의 노래

얼마나 오래 당신을 사랑할까요
당신 하늘 위에 별이 떠 있는 한
그리고 가능하다면 더 오랫동안

얼마나 오래 당신을 필요로 할까요
사계절이 계획대로 돌아올 필요가 있는 만큼

얼마나 오래 당신과 함께 할까요
바닷물이 모래 위를 씻겨서 오가는 한

얼마나 내가 당신을 원할까요
당신이 날 원하는 만큼
그리고 훨씬 더 오랫동안

내가 얼마나 당신을 안을 수 있을까요
당신의 아버지가 말씀하셨던 만큼만
당신이 가능한 한

내가 얼마나 당신에게 드릴 수 있을까요
내가 당신과 함께 사는 동안만큼
당신이 아무리 오래 말하더라도

얼마나 오래 당신을 사랑할까요
당신 하늘 위에 별이 떠 있는 한
그리고 가능하다면 더 오랫동안

(흥얼거리며)

얼마나 오래 당신을 사랑할까요
당신 하늘 위에 별이 떠 있는 한

* 영어 발음 제대로 듣거나 말하기

1) 이어지는 소리(연음)의 경우

(1) 자음 이동

wi**ll I**, star**s a**re, i**f I**

will I는 '윌 아이'가 아니라 '위 라이'로 발음되어야 한다. 그러니까 will의 자음 ll은 뒤에 나오는 I[ai]로 옮겨가 붙어서 발음된다.

wi**ll I**에서 will의 자음 ll이 뒤에 있는 낱말 앞부분에 가서 붙어 '위 라이'로 발음된다. if I도 마찬가지 경우이다. star**s a**re에서 stars의 자음 s가 뒤에 있는 낱말 앞부분에 가서 붙어 '스따 자아'에 가깝게 발음된다.

2) 없어지는 소리(탈락)의 경우

wi**l**l, An**d** longer, boun**d** to, wan**t** me

wi**l**l에서 ll은 같은 철자가 겹치기 때문에 탈락된다.

An**d** longer에서 And의 d는 자음 n과 longer의 자음 l 사이에 놓이기 때문에 탈락되 어 '앤 롱거'로 발음된다. 이와 같이 자음과 자음 사이에 놓이는 여섯 개의 파열음인 철자—k/g, p/b, t/d—사이에 놓여 탈락되는 예로 wan**t** me가 해당된다.

boun**d** to에서 bound의 d는 to의 t와 발음이 비슷하기 때문에 앞의 d가 탈락되어 '바운 터'로 발음된다.

3) 닮는 소리(동화)의 경우

nee**d y**ou, wan**t y**ou, hol**d y**ou, tol**d y**ou

nee**d y**ou에서 need의 d[d]와 you의 y[j]가 합쳐져 서로 닮아서 [ʤ]로 바뀌어 '니 쥬'에 가깝게 발음된다. 따라서 이런 현상은 영국영어(British English) 보다 미국영어(American English)에서 자주 나타나는 현상이다. hol**d y**ou, tol**d y**ou도 마찬가지 경우이다.

want **you**에서 want의 t[t]와 you의 y[j]가 합쳐져 서로 닮아서 [tʃ]로 바뀌어 '완츄'에 가깝게 발음된다. 따라서 이런 현상은 영국영어(British English) 보다 미국영어(American English)에서 자주 나타나는 현상이다.

* 팝송에 들어 있는 쓸모 있는 영어 표현들

1. As long as: **as long as**는 1) '~이기만[하기만] 하면'과 2) '~이기 때문에, ~하는 한은, ~하는 동안은'이란 뜻으로 쓰인다. 이런 뜻으로 so long as도 마찬가지로 쓰인다. 예문들은 다음과 같다. 이 노래애서는 2)의 뜻으로 쓰이고 있다.

1)의 예문들은 다음과 같다.

We'll go **as long as** the weather is good.
(우리는 날씨만 좋으면 갈 것이다.)

We can stay here for as long as our supplies hold out.
(우리는 비축 물자가 떨어지지 않는 한 여기에 머물 수 있다.)

So long as there is a demand these drugs, the financial incentive for drug dealers will be there.
(이들 마약에 대한 수요가 있는 한 마약상들에게 경제적인 자극제가 존재하는 것이다.)

2)의 예문들은 다음과 같다.

We will fight for **as long as** it takes.
(우리는 시간이 얼마가 걸리든 맞서 싸울 것이다.)

I've known her at least as long as you have.
(내가 그녀를 안지도 최소한 자네만큼은 돼.)

As long as you have your health, nothing else matters.
(건강하기만 하다면 다른 것은 아무것도 중요하지 않다.)

2. is bound to: **be bound to**는 '꼭 ~할 것 같은, ~할 가능성이 큰'이란 뜻이다. 예문들은 다음과 같다.

It**'s bound to** be sunny again tomorrow.
(내일은 날씨가 다시 맑은 것 같다.)

You've done so much work—you're bound to pass the exam.
(넌 공부를 아주 많이 했어. 넌 꼭 시험에 합격할 거야.)

There are bound to be changes when the new system is introduced.
(새 제도가 도입되면 여러 변화가 있을 가능성 크다.)

3. by far: **by far**는 비교급과 최상급 형용사나 부사와 함께 쓰여, '훨씬, 단연코'라는 뜻으로 쓰인다. 예문들은 다음과 같다.

The last of these reasons is **by far** the most important.
(이 이유들 가운데 마지막 이유가 단연코 가장 중요하다.)

I agree with you that the open system is by far the best.
(열린 제도가 단연코 가장 우수하다는 당신 말에 저는 동의합니다.)

By far the most important issue for them is unemployment.
(그들에게 단연코 가장 중요한 문제는 실업 문제이다.)

4. However: **however**는 1) '('정도'를 나타내어) 아무리 ~해도', 2) '('방법'을 나타내어) 아무리 ~해도'와 3) '하지만, 그러나'라는 뜻으로 쓰인다. 그런데 이 노래에서는 1)의 뜻으로 쓰이고 있다.

1)의 예문들은 다음과 같다.

He wanted to take no risks, **however** small.
(그는 아무리 작은 것이라도 위험을 무릅쓰고 싶지는 않았다.)

She has the window open, however cold it outside.
(그녀는 바깥 날씨가 아무리 추워도 창문을 열어 둔다.)

2)의 예문들은 다음과 같다.

We must do it, in **however** dubious a way.

(아무리 의심스러운 방법일지라도 그것을 해야 한다.)

However you look at it, it's going to cost a lot.

(아무리 살펴봐도 그것은 비용이 많이 들 것이다.)

3)의 예문들은 다음과 같다.

He was feeling bad, He went to work, **however**, and tried to concentrate.

(그는 몸이 좋지 않았다. 하지만 그는 출근을 하여 집중해 보려고 애를 썼다.)

We thought the figures were correct, However, we have now discovered some errors.

(우리는 그 수치가 맞다고 생각했다. 그러나 우리는 지금 몇 가지 오류를 발견했다.)

기억할 만한 영어 문장

1. How long will I love you?
   (얼마나 오래 당신을 사랑할까요?)
2. How long will I need you?
   (얼마나 오래 당신을 필요로 할까요?)
3. How long will I be with you?
   (얼마나 오래 당신과 함께 할까요?)

* 팝송 에세이

사랑한다는 것은 잃어버린 반쪽을 찾아서 온전한 하나를 맞추기 위한 행위인가? 사랑한다는 것은 공통 관심사를 함께 공유하고 함께 나누면서 시너지 효과를 내는 행위인가? 이에 대한 답변은 지금까지도 어느 한 가지로 결론이 나지 않은 채 유보되어 있는 것으로 보인다. 자신의 결핍된 부분을 사랑을 통해 보완할 수도 있고, 비슷한 특징을 함께 나눌 수도 있다. 완성하고 싶은 인간의 욕망을 생각하면 사랑을 통해 만남을 통해 서로 결핍되어 있거나 미진한 부분을 채워나가면서 서로 보완할 수 있는 소중한 기회가 될 것이다. 이 경우 사랑하는 당사자들의 노력이 더 많이 들 것이다. 당사들의 관심사나 사고방식이 비슷한 경우에는 서로를 위하는 마음만 있으면 되기 때문에 전자 보다 노력이 덜 들 수도 있을 것이다. 그렇지만 전자나 후자 모두 사랑하는 행위는 뺄셈이 아닌 덧셈의 삶이 된다는 점에서는 일치한다.

사랑하는 관계에 있어서 서로에게 많은 질문을 던져 보고 그 질문에 대한 답을 찾아보는 것도 사랑을 알찬 결실을 위해 필요한 과정에 해당될 것이다. "얼마나 오래 당신을 사랑할까요", "얼마나 오래 당신을 필요로 할까요", "얼마나 오래 당신과 함께 할까요", "얼마나 내가 당신을 원할까요", "내가 얼마나 당신을 안을 수 있을까요"와 "내가 얼마나 당신에게 드릴 수 있을까요"라는 질문을 끊임없이 던지면서 이런 질문에 긍정적인 답변을 얻기 위해서 사랑한다면 바람직한 방향으로 사랑이 진행될 것이다. 이 모든 질문이 함께하면서 사랑을 지켜나가기 위한 방법과 목표를 설정할 수 있기 때문이다.

사랑하는 사람을 원하여 필요로 하고 함께 하여 사랑할 수 있다는 것은 우리의 삶에 있어서 가장 행복한 것이리라. 계절이 변해도 자연이 변해도 언제나 사랑하는 사람과 오랫동안 함께 할 수만 있다면 그 보다 더한 행복은 없을 것입니다. 그렇지만 그게 어디 그렇게 쉬운가.

★ 덧붙이는 글 ★

이 노래는 영화『어바웃 타임』(*About Time*)의 오리지널 사운드 트랙(OST)이다.
참고로 이 노래의 여섯 째 연에 있는 say가 stay라고 소개하고 있는 경우도 많은데, 직접 노래를 들어보면 say로 되어 있다.

Count On Me

Sung by Bruno Mars

If you ever find yourself stuck in the middle of the sea
I'll sail the world to find you
If you ever find yourself lost in the dark and you can't see
I'll be the light to guide you

Find out what we're made of
When we are called to help our friends in need

You can count on me like one, two, three
I'll be there
And I know when I need it I can count on you like four, three, two
You'll be there
Cause that's what friends are supposed to do, oh yeah

oohhhh, oohhhh

Yeah, yeah

If you're tossing and you're turning and you just can't fall asleep
I'll sing a song beside you
And if you ever forget how much you really mean to me
Everyday I will remind you, ohh
Find out what we're made of
When we are called to help our friends in need

You can count on me like one, two, three
I'll be there
And I know when I need it I can count on you like four, three, two
You'll be there
Cause that's what friends are supposed to do, oh yeah

oohhhh, oohhhh

Yeah, yeah

You'll always have my shoulder when you cry, oh
I'll never let go,
Never say goodbye

You know you can count on me like one, two, three
I'll be there
And I know when I need it I can count on you like four, three, two
You'll be there
Cause that's what friends are supposed to do, oh yeah

oohhhh, oohhhh

You can count on me cause I can count on you

날 믿어요

브루너 마즈의 노래

만약 당신이 바다 한가운데 갇혀 있다면
나는 전 세계를 헤엄쳐서 당신을 찾아낼 거예요
만약 당신이 어둠 속에서 길을 잃고 아무 것도 볼 수 없다면
내가 당신을 데려갈 빛이 되어줄 게요

우리의 됨됨이를 알아 봐요
친구들이 어려움에 처해 우리가 부름을 받을 때

당신이 하나, 둘, 셋 숫자를 세면서 날 믿을 수 있어요
내가 거기에 있을 게요
그리고 내가 넷, 셋, 둘 숫자를 세면서 당신을 믿고 필요할 때를 난 알아요
당신도 거기에 있을 거라는 걸
그게 바로 친구가 해야 할 일이기 때문이에요, 오 예

오오오, 오오오

예, 예

당신이 이리저리 뒤척이며 잠을 이룰 수 없다면
내가 당신 곁에서 노래를 불러줄 게요
그리고 당신이 정말로 나에게 얼마나 중요한지 잊어버린다면
내가 매일 당신에게 알려줄 게요, 오

우리의 됨됨이를 알아 봐요
친구들이 어려움에 처해 우리가 부름을 받을 때

당신이 하나, 둘, 셋 숫자를 세면서 날 믿을 수 있어요
내가 거기에 있을 게요
그리고 내가 넷, 셋, 둘 숫자를 세면서 당신을 믿고 필요할 때를 난 알아요
당신도 거기에 있을 거라는 걸
그게 바로 친구가 해야 할 일이기 때문이에요, 오 예

오오오, 오오오

예, 예

당신이 울 때면 언제나 기대어 울 수 있게 내 어깨를 빌려줄 게요

나는 절대 너를 떠나보내거나
결코 작별 인사를 하지 않을 거예요

알잖아, 당신이 하나, 둘, 셋 숫자를 세면서 날 믿을 수 있어요
내가 거기에 있을 게요
그리고 내가 넷, 셋, 둘 숫자를 세면서 당신을 믿고 필요할 때를 난 알아요
당신도 거기에 있을 거라는 걸
그게 바로 친구가 해야 할 일이기 때문이에요, 오 예

오오오, 오오오

당신이 날 믿어도 돼요 나도 당신을 믿을 수 있기 때문이에요

* 영어 발음 제대로 듣거나 말하기

1) 이어지는 소리(연음)의 경우

(1) 약모음 이동

fa**ll** **a**sleep, si**ng** **a**

fa**ll** **a**sleep에서 asleep의 a가 약모음 [ə]가 되어 앞 낱말 끝부분에 가서 붙어 '포러 스립'에 가깝게 발음된다. si**ng** **a**에서 a가 약모음 [ə]가 되어 앞 낱말 끝부분에 가서 붙어 '콜더'로 발음된다.

(2) 자음 이동

stuc**k** **i**n, los**t** **i**n, Fin**d** **o**ut, hel**p** **o**ur, friend**s** **i**n, coun**t** **o**n, An**d** **I**, nee**d** **i**t, friend**s** **a**re

Find out에서 Find의 d 자음이 뒤로 이동하여 '파/화인 다웃'으로 발음되거나, d가 앞의 콧소리[비음] n의 영향으로 n을 닮아 nn으로 되었다가 탈락할 수도 있다.

stuc**k** **i**n에서 stuck의 자음 k가 뒤에 있는 낱말 앞부분에 가서 붙어 '스터 킨'으로 발음된다. lost in과 friends in도 마찬가지이다. Fin**d** **o**ur에서 Find의 자음 d가 뒤에 있는 낱말 앞부분에 가서 붙어 '화인 다우어'에 가깝게 발음된다. help our도 마찬가지 경우이다. friend**s** **i**n에서 friends의 자음 s가 뒤에 있는 낱말 앞부분에 가서 붙어 '화인 진'으로 발음된다. coun**t** **o**n에서 count의 자음 t가 뒤에 있는 낱말 앞부분에 가서 붙어 '카운 턴'으로 발음된다. An**d** **I**에서 And의 자음 d가 뒤에 있는 낱말 앞부분에 가서 붙어 '앤 다이'로 발음된다. nee**d** **i**t에서 need의 자음 d가 뒤에 있는 낱말 앞부분에 가서 붙어 '니 딧'으로 발음된다. friend**s** **a**re에서 friends의 자음 s가 뒤에 있는 낱말 앞부분에 가서 붙어 '후렌자'에 가깝게 발음된다.

2) 없어지는 소리(탈락)의 경우

find yourself, world to, light to, called to, friends, supposed to, just can't, can't fall

find yourself에서 find의 d는 자음 n과 yourself의 자음 y 사이에 놓이기 때문에 탈락되어 '화인 유어셀프'에 가깝게 발음된다. 이와 같이 자음과 자음 사이에 놓이는 여섯 개의 파열음인 철자—k/g, p/b, t/d—사이에 놓여 탈락되는 예로 friends, just can't와 can't fall이 해당된다.

world to에서 world의 d는 to의 t와 발음이 비슷하기 때문에 앞의 d는 탈락되어 '월 터'로 발음된다.

light to에서 light의 t는 to의 t와 철자가 같기 때문에 앞의 t가 탈락되어 '라이 터'로 발음된다.

called to에서 called의 -ed 발음 [d]는 to의 t와 발음이 비슷하기 때문에 앞의 [d]가 탈락되어 '콜 터'로 된다. supposed to도 마찬가지 경우이다.

3) 닮는 소리(동화)의 경우

middle of, find you, guide you, made of, beside you, remind you

middle of에서 d(d)가 강모음과 약모음 사이에 놓이면 단타음(單打音)으로 되어 t도, d도 r도 아닌 발음이 된다. middle of는 '미러러브'에 가깝게 발음된다. 이 소리는 한글로 정확하게 표기할 수 없으며 오직 소리로만 익힐 수밖에 없다. 특히 미국영어(American English)에서 두드러진 현상이다. made of도 마찬가지 경우이다.

find you에서 find의 d[d]와 you의 y[j]가 합쳐져 서로 닮아서 [ʤ]로 바뀌어 '화인 쥬'에 가깝게 발음된다. 따라서 이런 현상은 영국영어(British English) 보다 미국영어(American English)에서 자주 나타나는 현상이다. guide you, beside you와 remind you도 마찬가지 경우이다. guide와 beside의 끝에 있는 모음 e는 약하게 발음되기 때문에 무시해도 될 정도이다.

4) 줄어진 소리(축약)의 경우

I'll, can't, we're, you'll, Cause, that's, you're

> * tossing과 turning의 경우 이렇게 표기되어 있더라도 일반적으로 노래를 부를 때는 tossin' 및 turnin'과 같이 줄여서 소리를 낸다.

도우미동사(조동사)의 경우인 I'll과 you'll, 부정형인 can't, be 동사의 경우인 we're, I'm, that's와 you're가 있다. 이 가운데 I'll과 you'll에서 'll이 한국인이 발음하기에 가장 힘든 예이다. 그 이유는 'll은 will의 줄인 형태인데 'll'이 한국어에 없는 발음으로, 'l'은 혀를 입천장에 붙여서 소리를 내야 하는데, 한국어에는 이렇게 소리를 내는 것이 없기 때문이다.

Cause는 Because의 줄어진 형태이다.

5) 주의해야 할 발음

what, When, can과 can't

what과 When에서 wh~로 시작되는 낱말은 'w' 뒤에 있는 'h'의 소리가 보통 들리지 않는다. 그러니까 what은 '홧'이라기 보다 '왓'에 가깝게, When은 '휀'이라기 보다 '웬'에 가깝게 발음된다. 그러나 사람과 관련된 who, whose, whom은 예외로 'h'의 소리가 그대로 난다.

can과 can't는 도우미동사로 기능낱말이기 때문에 약하게 발음한다. 그런데 can't 다음에 자음이 나오기 때문에 탈락되는 경우가 대부분이어서 can은 [kən]으로 can't는 [kæn]으로 발음하기로 약속이 되어 있다. 그런데 can이 문장 가운데 들어가는 경우가 [kən]으로 주로 발음되고 문장의 끝에 들어가는 경우에는 [kæn]으로 발음되는 경우가 대부분이다. can't는 기본적으로 [kæn]으로 발음되면서 can 보다 약간 길게 발음되는 경향이 있다.

* 팝송에 들어 있는 쓸모 있는 영어 표현들

1. count on: **count on** sb/sth은 '~을[를] 믿다, ~을[를] 확신하다'라는 뜻이다. 예문들은 다음과 같다.

We can't **count on** this warm weather lasting.
(우리는 이렇게 따스한 날씨가 지속되리라고 확신할 수 없다.)
He may be counted upon to play an active part.
(그가 크게 활약하리라고 기대해도 좋을 것이다.)
A: I'll never drink again. You can count on me.
B: OK, I give you one more chance.
(A: 난 다시는 술을 마시지 않을게. 날 믿어도 돼.
B: 좋아요. 다시 한 번 기회를 드리죠.

2. stuck: **stuck**은 1) '(…에 빠져) 움직일 수 없는[꼼짝 못하는]', 2) '(불쾌한 상황 · 장소에[에서] 갇힌[빠져나갈 수가 없는]', 3) '(대답 · 이해 등에서) 막힌'과 4) '(특정한 상황에서) 무엇을 할지 모르는'이란 뜻으로 쓰인다. 이 노래에서는 2)의 뜻으로 쓰이고 있다. 2)의 다른 예문들은 다음과 같다.

I hate being **stuck** at home all day.
(나는 하루 종일 집 안에 갇혀 있는 것이 싫다.)
We were stuck in traffic for over an hour.
(우리는 교통 체증에 한 시간 이상 동안이나 갇혀 있었다.)
They were stuck in traffic and missed their flight.
(그들은 차가 막혀 비행기를 놓쳤다.)

3. the dark: 여기서 **dark**는 명사로 쓰이고 있다. 그래서 the dark는 '(특히 밤의) 어둠/암흑/캄캄함'이란 뜻이다. 예문은 다음과 같다.

Her eyes gleamed in the **dark**.
(어둠 속에서 그녀의 두 눈이 희미하게 반짝였다.)
They didn't reach the border until after dark.
(그들은 어두워진 후에야 국경에 이르렀다.)

We were stumbling around in the dark looking for a candle.

(우리는 양초를 찾느라고 어둠 속에서 이리저리 비틀거렸다.)

4. Find out: **find out**는 '(~을[를])알아내다[알게 되다]'라는 뜻으로 쓰인다. 예문들은 다음과 같다.

I haven't **find** anything **out** about him yet.

(나는 아직 그에 대해 알아낸 게 아무것도 없다.)

Can you find out what time the meeting starts?

(그 회의가 몇 시에 시작하는지 알아볼 수 있어요?)

She'd been seeing the boy for a while, but didn't want her parents to find out.

(그녀는 그 남자애를 잠깐 만나 왔지만 그녀의 부모님이 알게 되기를 원하지 않았다.)

그런데 find sb out가 되면 '~의 잘못을 적발하다'라는 뜻으로 쓰인다.

The crime was **found out**.

(그 범죄가 드러났다.)

What if you get found out?

(너가 탄로가 나면 어떡하지?)

He had been cheating the taxman but it was years before he was found out.

(그가 계속 세무서를 속여 왔었지만 수년이나 지나서야 적발되었다.)

5. what we're made of: **what sb is made of**는 '~의 사람됨[본모습]'이란 뜻으로 쓰인다. 예문들은 다음과 같다.

Let's see **what** stuff **you're made of**.

(당신이 어떤 종류의 사람인지 한번 봅시다.)

They all know what he is made of.

(그들은 그 사람의 진가를 다 안다.)

Now is the time to show them what you're made of.

(지금이 당신의 본모습을 그들에게 보여줄 시간이다.)

6. in need: **in need**는 '어려움에 처한[처하여], 궁핍한[하여]'이란 뜻이다. 예문들은 다음과 같다.

The portable clinic will take doctors to children **in need**.

(그 이동 진료소를 통해 의사들은 빈곤한 아이들을 치료할 수 있을 것이다.)

The charity aims to provide assistance to people in need.
(그 자선단체는 어려운 사람들에게 원조를 제공하는 것을 목표로 하고 있다.)

Albert Schweitzer devoted his life to help people in need.
(알베르트 슈바이처는 어려움에 처한 사람들을 돕기 위해 그의 일생을 헌신했습니다.)

이것이 쓰인 우리에게 익히 알려진 속담이 있다.

A friend in need is a friend indeed.
(어려울[힘들] 때 친구가 진짜 친구이다.)

7. are supposed to: **be supposed to do/be**는 1) '(규칙 · 관습 등에 따르면) …하기로 되어 있다[…해야 한다]', 2) '(일반적으로) …인 것으로 여겨진다[…라고 한다]'와 3) '~할 예정이다'라는 뜻으로 쓰인다. 이 노래에서는 1)의 뜻으로 쓰이고 있다.

1)의 예문들은 다음과 같다.

Journalists **are supposed to** be politically neutral.
(언론인은 정치적으로 중립적이어야 한다.)

The engine doesn't sound like it's supposed to be.
(엔진 소리가 정상으로 들리지 않는다.)

You're supposed to buy a ticket, but not many people do.
(표를 사야 하는 것으로 되어 있지만 그렇게 하는 사람들이 많지 않다.)

2)의 예문들은 다음과 같다.

She **was supposed to** be very good as an actress.
(사람들은 그녀가 배우로 적격이라고 생각했다.)

This silk is supposed to be the very best of its kind.
(이 비단은 그중에 가장 좋은 것이라고 한다.)

I haven't seen it myself, but it's supposed to be a great movie.
(내가 그걸 직접 본 것은 아니지만 대단한 영화라고 생각해요.)

3)의 예문들은 다음과 같다.

There**'s supposed to** be light showers all day.
(하루 종일 가벼운 소나기가 내릴 겁니다.)

The weekends are supposed to be our time together.
(주말에는 우리가 함께 시간을 보낼 예정이다.)

The report was supposed to be turned in last Monday.

(그 보고서는 지난 월요일에 제출될 예정이었습니다.)

그런데 **not be supposed to do sth**은 '~해서는 안 된다'라는 뜻으로 쓰인다.

I'm not even supposed to be here now.

(내가 지금 여기에 있으면 안 되는데.)

You're not supposed to walk on the grass.

(당신은 잔디밭 위로 걸어 다니면 안 된다.)

I thought you weren't supposed to be talking to me.

(난 당신이 내게 말을 해서는 안 되는 것으로 알았어요.)

8. let go: **let go**는 let sb go로 쓰여 1) '~를[을] 풀어 주다[석방하다], 가게 내버려 두다'와 2) '~를[을] 해고하다'로, let sb/st go로 쓰여 3) '(손으로 잡고 있던 것을) 놓다'와 4) '(생각 · 태도 · 장악하고 있던 것을) 버리다[포기하다]'와 let sth go로 쓰여 5) '(집 · 정원 등을 돌보는 것을) 그만두다'라는 뜻으로 쓰인다. 이 노래에서는 1)의 뜻으로 쓰이고 있다.

1)의 예문들은 다음과 같다.

Will they **let** the hostages **go**?

(그들이 인질을 풀어 줄까?)

You just have to let go of him.

(당신은 그냥 그를 보내줘야 해.)

No matter what happens, don't let go.

(무슨 일이 생긴다 하더라도 보내지 마라.)

2)의 예문들은 다음과 같다.

Business was slack and many employees were **let go**.

(불경기 탓으로 많은 종업원들이 해고됐다.)

Hearing the words "you've been let go" is never easy.

("당신은 해고됐습니다"는 말을 듣는 것은 결코 쉽지 않습니다.)

They're having to let 100 employees go because of falling profits.

(그들이 수익 감소 때문에 백 명의 직원을 해고해야 할 것이다.)

3)의 예문들은 다음과 같다.

Don't **let** the rope **go**.

(밧줄 놓지 마.)

Don't let go of the rope.

(밧줄 놓지 마.)

Let go! You're hurting me!

((이 손) 놔! 아프단 말이야!)

4)의 예문들은 다음과 같다.

It's time to **let** the past **go**.

(이제 과거는 버려야 할 때이다.)

It's time to let go of the past.

(이제 과거는 버려야 할 때이다.)

I let go of the hate, the rage and the envy.

(나는 미움과 노여움 그리고 부러움도 버렸다.)

5)의 예문은 다음과 같다.

I'm afraid I've **let** the garden **go** this year.

(올해는 정원 가꾸는 일을 그만두어야 할 것 같다.)

기억할 만한 영어 문장

1. I'll sing a song beside you.
   (내가 당신 곁에서 노래를 불러줄 게요.)
2. I'll be the light to guide you.
   (내가 당신을 데려갈 빛이 되어줄게요.)
3. You'll always have my shoulder when you cry.
   (당신이 울 때면 언제나 기대어 울 수 있게 내 어깨를 빌려줄 게요.)

* 팝송 에세이

믿음이 꽃을 피울 때 세상은 좀 더 밝아지지 않을까? 불신이 아닌 믿음으로 하루하루가 엮어져 나간다면 따뜻한 기운이 우리들을 감싸고 있을 것이다. 생각만 해도 훈훈함을 느끼는 듯합니다. 자신에 대한 믿음은 용기를 불러일으킬 것이고 상대방에 대한 믿음은 인간관계에 대한 불신에 대한 의심을 거두어갈 것이다. 그러나 우리 주변을 둘러보면 많은 뉴스거리들이 믿음 보다 불신으로 인한 사건들이 많은 것이 사실이다. 자신에 대한 믿음은 자신이 인생의 주인공이라는 확신을 불러일으킬 수 있는 가능성을 높여 준다. 타인에 대한 믿음은 의심의 굴레에서 벗어날 수 있고, 대화의 효율성을 높일 수 있고, 만남 이후에 느끼는 훈훈함으로 미소를 지을 수도 있을 것이다.

우리가 진정한 친구란 어떤 경우일까를 다시 한 번 생각해볼 수 있는 계기가 마련된다. 인간관계의 밑바탕에는 보이지 않는 이해관계가 깔려 있다. 이해관계는 자신의 이익을 먼저 생각하는데서 비롯되는 마음가짐이다. 여기엔 자신이 설정해 놓은 기준이 중요한 잣대가 된다. 그 목표 잣대에 도달하기 위한 마음이 꿈틀거리면서 자신의 말과 행동이 움직이게 된다. 좀 더 들어가 생각해 보면 어떤 관계가 더 가치로운 인간관계인가에 초점이 맞추어져야 할 것이다. "만약 당신이 바다 한가운데 갇혀 있다면 / 나는 전 세계를 헤엄쳐서 당신을 찾아낼 거예요 / 만약 당신이 어둠 속에서 길을 잃고 아무 것도 볼 수 없다면 / 내가 당신을 데려갈 빛이 되어줄 게요"라는 데서 진정한 친구의 역할을 알게 될 것이다. 우리가 흔히 인용하는 말로 "어려울 때의 친구가 진정한 친구이다"(A friend in need is a friend indeed.)라는 속담이 있다. 이 표현은 가사에 나온 진정한 친구의 역할을 간략하게 정리해주는 표현이다. 친구나 상대방을 위하는 마음은 말과 행동을 통해 드러날 것이다. 특히 행동의 경우 생각만 한다고 해서 행동으로 옮겨지는 것은 아니다. 행동으로 옮기는 경우에는 상당한 고통과 위험이 뒤따를 수 있기 때문이다. 심한 경우 희생을 각오해야 될 때도 있을 것이다.

믿음은 세상을 밝게 비추어줄 것이다. 믿음은 삶에 있어서 활력소가 될 것이다.

믿음은 상대방을 배려하는 마음이 될 것이다. 믿음은 나로부터 시작되어야 할 것이다. 믿음은 메마른 현실에 윤기를 더해주고 우리가 처한 현실을 밝게 만들어줄 것이다. 자신뿐만 아니라 타인에 대한 믿음이 우리의 마음 깊이 있어야 하는 이유이다.

★ 덧붙이는 글 ★

가사 가운데 we're made of가 were made of로 되어 있는 경우가 많다.

When I Was Your Man

Sung by Bruno Mars

Same bed, but it feels just a little bit bigger now
Our song on the radio but it don't sound the same
When our friends talk about you, all that it does is just tear me down
'Cause my heart breaks a little when I hear your name
And it all just sounds like uh, uh, uh, uh

Hmmm, too young, too dumb to realize
That I should have bought you flowers and held your hand
Should have gave you all my hours when I had the chance
Take you to every party cause all you wanted to do was dance
Now my baby's dancing but she's dancing with another man

My pride, my ego, my needs, and my selfish ways
Caused a good strong woman like you to walk out my life
Now I never, never get to clean up the mess I made, oh, oh, oh
And it haunts me every time I close my eyes
It all just sounds like uh, uh, uh, uh

Hmmm, too young, too dumb to realize
That I should have bought you flowers and held your hand
Should have gave you all my hours when I had the chance
Take you to every party cause all you wanted to do was dance
Now my baby's dancing
But she's dancing with another man

Although it hurts I'll be the first to say that I was wrong
Oh, I know I'm probably much too late
To try and apologize for my mistakes
But I just want you to know
I hope he buys you flowers

I hope he holds your hand
Give you all his hours when he has the chance
Take you to every party cause I remember how much you loved to dance
Do all the things I should have done
When I was your man
Do all the things I should have done
When I was your man

내가 당신의 남자였을 때

브루노 마스의 노래

같은 침대인데도, 하지만 지금 조금 더 크게 느껴져
우리의 노래가 라디오에 나오고 있는데도 전과 다르게 들려
우리 친구들이 너에 관한 이야기를 할 때 그 모든 게 나를 찢어지게 하는 것 같아
너의 이름을 들을 때 내 가슴을 아프게 하기 때문이야
그리고 그 모든 게 그냥 아, 아, 아처럼 들려

음, 내가 너무 어리고 멍청해서 깨닫지 못했어
내가 당신에게 꽃들을 사주고 그리고 당신의 손을 잡아줬어야 했는데
나에게 기회가 있었을 때 내 모든 시간들을 당신에게 줬어야 했는데
당신을 모든 파티에 데려갔어야 했는데
왜냐하면 당신이 원했던 오직 한 가지는 춤추는 거였으니까
이제는 내가 사랑하는 이는 춤을 추고 있네, 하지만 그녀는 다른 남자와 춤을 추고 있네

내 자존심, 자부심, 내가 필요 했던 것들 그리고 나의 이기적인 방식들
그것들이 당신 같이 좋고 강한 여자를 내 삶에서 떠나도록 만들었어
이제 난 결코, 결코 다시는 내가 엉망진창으로 만들었던 것을 치우지 못할 거야
그리고 내가 눈을 감을 때마다 내 뇌리에 계속 떠올라

음, 내가 너무 어리고 멍청해서 깨닫지 못했어
내가 당신에게 꽃들을 사주고 그리고 당신의 손을 잡아줬어야 했는데
나에게 기회가 있었을 때 내 모든 시간들을 당신에게 줬어야 했는데
당신을 모든 파티에 데려갔어야 했는데
왜냐하면 당신이 원했던 오직 한 가지 전부는 춤추는 거였으니까
이제는 내가 사랑하는 이는 춤을 추고 있네, 하지만 그녀는 다른 남자와 춤을 추고 있네

아프더라도 나는 내가 틀렸다고 말한 첫 번째 사람이 될 거야
아, 알고 있어 아마도 내가 너무 늦어서
내 실수들에 대해 사과하기에는
하지만 난 그냥 당신이 알아주길 바래
난 그가 당신에게 꽃을 사다 주길 바래
난 그가 당신 손을 잡아주길 바래
그에게 가능성이 있을 때 그의 모든 시간을 당신에게 주길
당신을 모든 파티에 데려가길
왜냐하면 당신이 춤추는 것을 상당히 좋아했다는 걸 기억하기 때문에
내가 했어야 했던 모든 것들을 하길
내가 당신의 남자였을 때
내가 했어야 했던 모든 것들을 하길
내가 당신의 남자였을 때

* 영어 발음 제대로 듣거나 말하기

1) 이어지는 소리(연음)의 경우

(1) 약모음 이동

just **a**, tal**k** **a**bout, break**s** **a**, Caus**ed** **a**

just **a**에서 a가 약모음 [ə]가 되어 앞 낱말 끝부분에 가서 붙어 '저스터'로 발음된다. breaks a와 Caused a도 마찬가지 경우이다. tal**k** **a**bout에서 about의 a가 약모음 [ə]가 되어 앞 낱말 끝부분에 가서 붙어 '토커 바웃'으로 발음된다.

(2) 자음 이동

Whe**n** **o**ur, whe**n** **I**, Ta**ke** **y**ou, wal**k** **o**ut

Whe**n** **o**ur에서 When의 자음 n은 뒤에 있는 낱말 앞부분에 가서 붙어 '웨나우어'로 발음된다. whe**n** **I**에서 when의 자음 n은 뒤에 있는 낱말 앞부분에 가서 붙어 '웨 나이'로 발음된다. Ta**ke** **y**ou에서 Take의 자음 k가 뒤에 있는 낱말 앞부분에 가서 붙어 '테이 큐'로 발음된다. wal**k** **o**ut에서 walk의 자음 k는 뒤에 있는 낱말 앞부분에 가서 붙어 '오 카웃'으로 발음된다.

2) 없어지는 소리(탈락)의 경우

don'**t** sound, soun**d** the, frien**ds**, jus**t** tear, hear**t** breaks, ju**st** soun**ds**, ha**d** the, want**ed** to, ge**t** to, firs**t** to, hol**ds**, jus**t** want

don'**t** sound에서 don't의 t는 자음 n과 sound의 자음 s 사이에 놓이기 때문에 탈락되어 '돈 사운드'로 발음된다. 이와 같이 자음과 자음 사이에 놓이는 여섯 개의 파열음인 철자—k/g, p/b, t/d—사이에 놓여 탈락되는 예로 frien**d**s, hear**t** breaks, ju**st** soun**d**s, hol**d**s와 jus**t** want가 해당된다.

soun**d** the에서 sound의 d는 the의 th- 발음 [ð]와 비슷하기 때문에 앞의 d가 탈락되어 '사운 더'로 발음된다. ha**d** the도 마찬가지 경우이다.

just tear에서 just의 t는 tear의 t와 같은 철자가 겹치기 때문에 앞의 t가 탈락되어 '저스 테어'로 발음된다. get to와 first to도 마찬가지 경우이다.

wanted to에서 wanted의 -ed 발음 [id]에서 [d]는 to의 t와 발음이 비슷하기 때문에 탈락되어 '완 터'로 발음된다.

3) 닮는 소리(동화)의 경우

little, about you, bought you, held your, party, wanted, That I, want you

little에서 t(t)가 강모음과 약모음 사이에 놓이면 단타음(單打音)으로 되어 t도, d도 r도 아닌 발음이 된다. little은 '리를'에 가깝게 발음된다. 이 소리는 한글로 정확하게 표기할 수 없으며 오직 소리로만 익힐 수밖에 없다. 특히 미국영어(American English)에서 두드러진 현상이다. party와 That I도 마찬가지 경우이다.

about you에서 about의 t[t]와 you의 y[j]가 합쳐져 서로 닮아서 [tʃ]로 바뀌어 '어바우츄'에 가깝게 발음된다. 따라서 이런 현상은 영국영어(British English) 보다 미국영어(American English)에서 자주 나타나는 현상이다. bought you와 want you도 마찬가지 경우이다.

held your에서 held의 d[d]와 your의 y[j]가 합쳐져 서로 닮아서 [ʤ]로 바뀌어 '헬쥬어'에 가깝게 발음된다. 따라서 이런 현상은 영국영어(British English) 보다 미국영어(American English)에서 자주 나타나는 현상이다.

wanted에서 t는 앞에 있는 콧소리 n을 닮아 n으로 바뀌어(wanned) '와니드'로 발음된다.

4) 줄어진 소리(축약)의 경우

don't, 'Cause, baby's, she's, I'll, I'm

부정형인 don't, be 동사의 경우인 baby's, she's와 I'm, 도우미동사(조동사)의 경우인 I'll이 있다. 이 가운데 I'll에서 'll이 한국인이 발음하기에 가장 힘든 예이다. 그 이유는 'll은 will의 줄인 형태인데 'll'이 한국어에 없는 발음으로, 'l'은 혀를 입천장에 붙여서 소리를 내야 하는데, 한국어에는 이렇게 소리를 내는 것이 없기 때문이다.

'Cause는 Because의 줄어진 형태이다.

5) 주의해야 할 발음

When, **should have bought**, **should have gave**, strong, **should have done**

When에서 wh~로 시작되는 낱말은 'w' 뒤에 있는 'h'의 소리가 보통 들리지 않는다. 그러니까 When은 '휀'이라기 보다 '웬'에 가깝게 발음된다. 그러나 사람과 관련된 who, whose, whom은 예외로 'h'의 소리가 그대로 난다.

should have bought, should have gave와 **should have done**은 도우미동사 have+과거분사의 형태이다. 이런 형태로 되어 있는 경우에는 세 개의 낱말이 한 박자를 받아야 하기 때문에 주어진 시간 안에 발음하려면 일부를 줄이거나 또는 약하게 발음할 수밖에 없다. 이 세 개의 낱말 가운데 have가 've로 하거나 have로 되어 있다 할지라도 발음을 약하게 해야 된다. should have bought는 '슈드 해브 보트'가 아니라 '슈르브 봇'에 가깝게, should have gave는 '슈드 해브 게이브'가 아니라 '슈르브 게이브'에 가깝게, should have done는 '슈드 해브 단'은 '슈르브 단'에 가깝게 발음된다. 그런데 should have gave는 일반적으로 should have given인데 이 노래에서는 given 대신에 gave로 되어 있다.

strong서 'tr~'의 발음은 '츠___'와 '추'의 중간쯤 되는 소리로 '츄'에 가깝게 발음된다. strong은 '스트롱'이라기 보다 '스츠롱'에 가깝게 발음된다.

* 팝송에 들어 있는 쓸모 있는 영어 표현들

1. all that it does is just tear me down: **all**로 시작되는 글에서 to 부정사가 보어로 쓰이는 경우에는 to 부정사가 to가 빠진 알몸동사로 쓰인다. 그러니까 to tear가 아닌 tear로 된다. 이 경우 all은 '[~한]오직 한 가지 전부'라는 뜻이다. 여기서 all은 '어떤 것이 중요한 오직 한 가지'라는 것을 강조할 때 절 앞에서 쓰인다. 예문들은 다음과 같다.

   All you do is study all day long.
   (네가 하는 일이라곤 하루 종일 공부하는 거잖아.)
   All you need to do is complete this form.
   (당신이 해야 할 것이라곤 이 양식을 작성하는 것뿐이다.)
   All he could do was lie down in the pasture all day long.
   (그가 할 수 있는 것은 하루 종일 목초지에 누워있는 것뿐이었다.)

   이 경우는 밑에 나오는 'Cause all you wanted to do was dance의 경우에도 to dance가 아닌 dance로 나타낸다.

2. tear me down: **tear down**은 '…을[를] 파괴하다, 해체하다, (명성 등)을[를] 손상시키다, …을[를] 비방하다; …을[를] 논박하다'라는 뜻으로 쓰인다. 그리고 tear sth down으로 쓰여 '(건물 · 담 등을) 허물다[헐다]'라는 뜻으로 쓰인다. 이런 동사로 쓰일 때는 발음이 [teə]로 한다. 그러니까 이 노래에서는 '비웃고 흘뜯는다'라고 이해하면 될 것이다.

3. too young, too dumb to realize: **too ~ to …**의 구문으로 '너무나 ~해서 …할 수 없다'는 부정적인 뜻으로 쓰인다. 그러니까 '너무 어리고 멍청해서 알아차리지 못했다'는 뜻이다.
   dumb이 주로 '벙어리의, 말을 못 하는'이란 뜻으로 쓰이는데, 이 노래에서는 '멍청한, 바보 같은'이란 뜻으로 쓰이고 있다.

이런 예문들은 다음과 같다.

That was a pretty **dumb** thing to do.

(그것을 하는 것은 상당히 멍청한 짓이었다.)

If the police question you, act dumb.

(만약 경찰이 널 심문하면 바보같이[아무것도 모르는 것처럼] 굴어.)

In her early movies she played a dumb blonde.

(그녀는 초기 영화들에서 멍청한 금발 미인 역을 했다.)

이와 같은 쓰임새는 이 노래에서 뒤에 나오는 I'm probably much too late/To try and apologize for my mistakes에도 적용된다.

4. should have bought: should have bought는 **should+have+과거분사**의 꼴로 과거에 어떤 일을 했어야 했는데 하지 못한데 대한 유감이나 후회를 나타낼 때 쓰는 표현이다. 이런 경우 조동사의 과거+have+과거분사의 모양으로 되어 있다. 그러니까 꽃들을 사주었어야 했는데 하지 못한 행위에 대한 후회를 하는 표현이다.

이후에 나오는 Should have gave도 마찬가지 쓰임새인데 여기서는 gave를 과거분사인 given으로 하지 않고 gave인 과거 형태로 나타내고 있다. 마지막 연의 should have done의 경우도 마찬가지 쓰임새이다. 예문들은 다음과 같다.

He **should have been** more careful.

(그는 좀 더 조심했어야 했다.)

Frank is of the opinion that Romero should have won.

(프랭크는 로메로가 이겼어야 했다고 믿는다.)

I should have gone this morning but I was feeling a bit ill.

(나는 오늘 아침 갔어야 했지만 몸이 약간 좋지 않았다.)

5. walk out: **walk out**은 1) '(노동자가) 작업을 중단하다[파업을 하다]'와 2) walk out (of sth)으로 쓰여 '(회의 · 공연 등을 하던 중에 특히 불만을 나타내기 위해) 나가[떠나]버리다'라는 뜻으로 쓰인다. 그리고 3) walk out (on sth)으로 쓰여

'(하기로 약속한 일을 중간에) 그만두다'라는 뜻으로 쓰인다. 또한 4) walk out (on sb)로 쓰여 '(관계를 맺어 오던)(~를[을] 떠나다[버리다]'라는 뜻으로 쓰인다. 이 노래에서는 4)의 뜻으로 쓰이고 있다.

1)의 예문들은 다음과 같다.

What are you gonna do, **walk out**?

(당신은 무엇을 하려고 하나요, 작업을 중단하려고요?)

The miners were furious and threatened to walk out.

(그 광부들은 격노했고 작업을 중단하도록 협박당했다.)

Everett was not expected to walk out on the field because of poor weather.

(에버렛은 나쁜 날씨 때문에, 현장에서 작업을 중단할 것으로 예상되지 않는다.)

2)의 예문들은 다음과 같다.

They **walked out** in the middle of talks.

(그들은 협상 도중에 나가버렸다.)

Mr. Mason walked out during the performance.

(매이슨 씨는 공연 도중에 나가버렸다.)

If you walk out now, this whole thing goes up in smoke.

(네가 지금 나가면, 모든 일이 수포가 된다.)

3)의 예문들은 다음과 같다.

Nobody **walks out** on this contest.

(어느 누구도 이 시합을 그만두지 않는다.)

I never walk out on a job half done.

(나는 절대 일을 반쯤 하다가[중간에] 그만두는 법이 없다.)

I don't want you to walk out on this wedding.

(나는 당신이 이 결혼을 파혼하지 않았으면 해.)

4)의 예문들은 다음과 같다.

I was ready to **walk out** on them all.

(나는 그들 모두를 버리고 떠날 준비가 되어 있었다.)

How could she walk out on her kids?

(그녀가 어떻게 아이들을 떠날[버릴] 수가 있었죠?)

I'm not gonna let you walk out of my life.

(난 네가 나를 떠나도록 내버려두지 않을 것이다.)

6. get to: **get to**는 여러 가지 뜻으로 쓰인다. 1) '되다', 2) '가다', 3) '도착하다'와 4) '시작하다'라는 뜻으로 쓰인다. 이 노래에서는 1)의 뜻으로 쓰인다고 이해하면 될 것 이다.

1)의 예문들은 다음과 같다.

It's a good way to **get to** know others.

(그것은 다른 사람들을 알아가는 좋은 방법이야.)

I was happy to get to know new things.

(저는 새로운 것들을 알게 되어서 행복했어요.)

How did you two get to know each other?

(당신 둘이 어떻게 친해지게 되었나요?)

2)의 예문들은 다음과 같다.

OK, let's **get to** the bar.

(좋아요, 술집에 갑시다.)

How do you get to school every morning?

(여러분은 아침마다 어떻게 학교에 가나요?)

How often do you get to visit your family?

(당신은 얼마나 자주 당신의 가족을 방문하십니까?)

3)의 예문들은 다음과 같다.

What can you do once you **get to** the top?

(당신이 정상에 도착하면 무엇을 할 수 있나요?)

I have to get to Boston tomorrow by noon.

(나는 내일 정오까지는 보스턴에 도착해야 되는데.)

I managed to get to a supermarket and went in.

(난 슈퍼마켓에 도착했고 안으로 들어갔어.)

4)의 예문들은 다음과 같다.

Joking aside, let's **get to** work.

(농담 그만하고 일하자.)

They got to talking right after the class finished.

(그들은 수업이 끝나자마자 잡담을 하기 시작했다.)

Staff were told to dust off their desks and get to work.

(직원들에게 책상 정리하고 일하라고 했다.)

7. clean up: **clean up**은 1) '(~을[를]) 치우다[청소하다]'와 2) '(부패 · 범죄 등을 근절하여) ~을[를] 정화하다'라는 뜻으로 쓰인다. 이 노래에서는 1)의 뜻으로 쓰인다. 그런데 글자그대로의 표현이 아닌 비유적인 표현이 되고 있다.

1)의 예문들은 다음과 같다.

Who's going to **clean up** this mess?

(이렇게 엉망인 건 누가 치워?)

I'm always having to clean up after the children.

(난 늘 애들 뒤를 따라다니며 치워야 한다.)

He always expected other people to clean up after him.

(그는 항상 다른 사람들이 자기 뒤를 따라 다니며 치워 주기를 바랐다.)

2)의 예문들은 다음과 같다.

Soccer needs to **clean up** its image.

(축구는 이미지를 정화할 필요가 있다.)

The new mayor is determined to clean up the city.

(새 시장은 (범죄를 근절하여) 도시를 정화시킬 각오를 하고 있다.)

Drastic measures are needed to clean up the profession.

(동업자들의 부패를 청산하기 위해서는 과감한 조치가 필요하다.)

8. the mess I made: **make a mess**는 '엉망으로 만들다, 엉망인 상황으로 만들어 버리다, 뒤범벅을 만들다'라는 뜻이다. 이런 경우의 make를 흔히 쓰이는 동사(common verb)라고 불리어지고 흔히 쓰이는 동사 다음에 관사—주로 부정관사—고 오고 그 다음에 명사가 와서 명사의 동사 뜻으로 쓰인다. 여기서는 the mess가 뒤집어져서[도치가 되어] 앞으로 가 있지만 make the mess로 보아야 한다.

예문들은 다음과 같다.

I feel I've **made a mess** of things.

(내가 일을 엉망으로 만들어 버린 것 같다.)

The kids made a mess in the bathroom.

(아이들이 목욕탕을 엉망으로 만들어 놓았다.)

Apparently he made a mess of his audition.

(분명히 그는 오디션을 망쳤다.)

기억할 만한 영어 문장

1. I hope he buys you flowers.

   (난 그가 당신에게 꽃을 사다 주길 바래요.)

2. All you wanted to do was dance.

   (당신이 원했던 오직 한 가지 전부는 춤추는 것이었다.)

3. I should have bought you flowers.

   (내가 당신에게 꽃들을 사주었어야 했는데.)

* 팝송 에세이

우리들에게 후회가 없는 삶은 없을 것이다. 어떻게 하면 후회를 적게 할 것인가가 중요한 게 아닐까? 특히 사랑하는 사이에 있어서 후회는 이별의 쓴 잔을 마신 후에 일어나는 일일 것이다. 사랑하는 동안에 미처 해주지 못했던 것들을 뒤늦게 깨닫고 아쉬운 마음과 후회하는 마음이 뒤섞여 안타까움을 노래할 수 있을 것이다. 그래서 후회는 앞서지 않는다고 말하지 않는가. 바람결에 한 때 사랑했던 이의 소식을 들어도, 이름을 듣거나 생각이 나도, 또 다른 사람들이 사랑했던 이에 대해 이야기를 할 때도 후회하는 경우에는 가슴 아프게 할 것이다.

사랑할 때 해 주지 못한 일들을 하나하나 떠올려 보면 아쉬움 보다 후회하는 마음이 앞설 것이다. 그 당시 미처 알지 못하고 깨닫지 못했다 할지라도 곰곰이 생각해보면 안타까운 마음은 어쩔 수 없으리라… "내가 당신에게 꽃들을 사주고 그리고 당신의 손을 잡아줬어야 했는데 / 나에게 기회가 있었을 때 내 모든 시간들을 당신에게 줬어야 했는데 / 당신을 모든 파티에 데려갔어야 했는데 / 왜냐하면 당신이 원했던 오직 한 가지 전부는 춤추는 거였으니까"라며 구체적인 사건들을 떠올리며 과거에 해주지 못한 여러 가지에 대해 후회한다. 그런데 과거에 실수한 것을 기억하고 사과하려고 하지만 흘러가버린 시간을 되돌릴 수 없다. 후회하고 있는 지금 곰곰이 생각해 보면 과거 자신이 내세웠던 자존심과 자부심 때문에, 그리고 모든 일을 처리하는데 있어서 이기적인 방식으로 해결했기 때문에 사랑하는 여인을 떠나보낼 수밖에 없었음을 뒤늦게 후회하고 있는 것이다. 이제 과거에 저지른 실수들에 대해 사과하기에 시간적으로 너무 늦어서 안타까움만 남아 있을 따름이다.

우리가 살면서 후회하지 않고 살 수 있을까? 잘못을 저지르는 것은 지극히 인간다운 일일지 모른다. "실수하는 것은 인간이고 용서하는 것은 신이다"(To err is human to forgive divine)라는 속담이 떠오르면서 한 번 더 인간의 부족한 면과 한계를 생각해 보게 된다. 주변에서 온전한 인간을 찾기란 정말 쉽지 않을 것이다. 혹시 온전한 것 같은 사람을 보게 되거나 온전한 사람일 것 같은 생각만 들어도 우리는 그 사람을 달리 우러러 보게 될 것이다. 후회를 하지 않을 수 없지만 후회하게 되는 숫자를 줄이려는 노력이 필요하고 똑같은 실수를 하지 않으려는 마음가짐과 행동이 더 중요하지 않을까 싶다.

★ 덧붙이는 글 ★

첫째 연의 두 번째 줄 끝에 있는 가사 it don't sound the same은 일반적으로 it doesn't sound the same인데 이 노래에서는 그대로 it don't sound the same으로 부르고 있다.

그리고 둘째 연의 세 번째 처음에 있는 가사 Should have gave는 일반적으로 Should have given인데 이 노래에서는 그대로 Should have gave로 부르고 있다.

Photograph

Sung by Ed Sheeran

Loving can hurt
Loving can hurt sometimes
But it's the only thing that I know
When it gets hard
You know it can get hard sometimes
It is the only thing that makes us feel alive

We keep this love in a photograph
We made these memories for ourselves
Where our eyes are never closin'
Hearts are never broken
And time's forever frozen, still

So you can keep me
Inside the pocket of your ripped jeans
Holding me closer 'til our eyes meet
You won't ever be alone
Wait for me to come home

Loving can heal
Loving can mend your soul
And it's the only thing that I know, know
I swear it will get easier,
Remember that with every piece of ya
And it's the only thing we take with us when we die

We keep this love in a photograph
We made these memories for ourselves
Where our eyes are never closing
Hearts are never broken

And time's forever frozen, still

So you can keep me
Inside the pocket of your ripped jeans
Holdin' me closer 'til our eyes meet
You won't ever be alone

And if you hurt me
That's okay baby, only words bleed
Inside these pages you just hold me
And I won't ever let you go

Wait for me to come home
Wait for me to come home
Wait for me to come home
Wait for me to come home, ooh

Oh, you can fit me
Inside the necklace you got
When you were sixteen
Next to your heartbeat where I should be
Keep it deep within your soul

And if you hurt me
Well, that's okay, baby, only words bleed
Inside these pages you just hold me
And I won't ever let you go

When I'm away
I will remember how you kissed me
Under the lamppost back on Sixth street
Hearing you whisper through the phone,
"Wait for me to come home."

사진

에드 쉬런의 노래

사랑하는 것은 아플 수 있어요
사랑하는 것은 가끔 아플 수 있어요
그러나 그게 내가 알고 있는 유일한 것이에요
사랑하는 게 힘들 땐
사랑하는 것도 가끔은 힘들 수 있다는 것을 알잖아요
사랑하는 것은 우리가 살아있다고 느끼도록 하는 유일한 것이지요

우리는 이 사랑을 한 장의 사진 속에 간직하고 있어요
우리는 우리 자신들을 위해 이런 추억들을 만들었어요
우리가 죽지 않는다면
가슴 찢어지는 일은 절대 없어요
그리고 세월은 여전히 얼어서 정지된 채로 영원해요

그러니 당신의 찢어진 청바지 주머니 속에
나를 넣고 다녀요
우리의 눈빛이 마주칠 때까지 나를 꼭 안고
당신은 절대 혼자가 될 수 없어요
내가 돌아갈 때까지 기다려요.

사랑하는 것은 치유할 수 있어요
사랑하는 것은 당신의 영혼을 낫게 할 수 있어요
그리고 그게 내가 알고 있는 유일한 것이에요
사랑하는 것이 좀 더 쉬워질 것이라고 난 맹세해요
당신의 모든 것들을 다 기억할 거에요
그리고 사랑하는 것이 우리가 죽을 때 우리와 함께 가져가는 유일한 것이에요

우리는 이 사랑을 한 장의 사진 속에 간직하고 있어요
우리는 우리 자신들을 위해 이런 추억들을 만들었어요
우리가 죽지 않는다면
가슴 찢어지는 일은 절대 없어요
그리고 세월은 여전히 얼어서 정지된 채로 영원해요

그러니 당신의 찢어진 청바지 주머니 속에
나를 넣고 다녀요
우리의 눈빛이 마주칠 때까지 나를 꼭 안고
당신은 절대 혼자가 될 수 없어요

그리고 당신이 나를 날 아프게 한다면
그대여, 그래도 좋아요. 그럼 당신이 날 꼭 잡고 있는 이런 페이지들 안에서만
말들만이 피가 날 거예요
그리고 난 당신을 가게 내버려 두지 않을 거예요

돌아 갈테니 날 기다려 줘요
돌아 갈테니 날 기다려 줘요
돌아 갈테니 날 기다려 줘요
돌아 갈테니 날 기다려 줘요, 오

오, 당신이 가진 목걸이 안에
당신은 날 끼워 놓을 수 있어요
당신이 열여섯 살이었을 때
내가 있어야 하는 바로 그곳인 당신의 심장박동 바로 옆에
당신의 영혼 안에 깊숙이 간직해 줘요

그리고 당신이 날 아프게 한다면
음, 그래도 좋아요. 그대여.
당신이 날 꼭 잡고 있는 이런 페이지들 안에서만
말들만이 피가 날 거예요
그리고 난 당신을 가게 내버려 두지 않을 거예요

내가 멀리 떨어져 있을 때
육 번가 뒷골목 가로등 아래서
당신이 나한테 어떻게 입맞춤했는지를 기억할 거예요
전화상으로 당신이 속삭이던 목소리를 들으며
돌아 갈테니 날 기다려 줘요

* 영어 발음 제대로 듣거나 말하기

1) 이어지는 소리(연음)의 경우

(1) 약모음 이동

feel alive, in a, be alone, I'm away

feel alive에서 alive의 a가 약모음 [ə]가 되어 앞 낱말 끝부분에 가서 붙어 '휘러라이브'에 가깝게 발음된다. be alone과 I'm away도 마찬가지 경우이다. in a에서 a가 약모음 [ə]가 되어 앞 낱말 끝부분에 가서 붙어 '이너'로 발음된다.

(2) 자음 이동

that I, When it, Hearts are, pocket of, with us, Keep it, back on

that I에서 that의 자음 t가 뒤에 있는 낱말 앞부분에 가서 붙어 '대 다이'에 가깝게 발음된다. When it에서 When의 자음 n이 뒤에 있는 낱말 앞부분에 가서 붙어 '웨 닛'으로 발음된다. Keep it도 마찬가지 경우이다. Hearts are에서 Hearts의 자음 ts가 뒤에 있는 낱말 앞부분에 가서 붙어 '하 차'로 발음된다. pocket of에서 pocket의 자음 t가 뒤에 있는 낱말 앞부분에 가서 붙어 '포케터브'로 발음된다. of는 [əv] 또는 [ə]로 발음된다. with us에서 with의 th 발음 [ð]가 뒤에 있는 낱말 앞부분에 가서 붙어 '위 더스'에 가깝게 발음된다. back on에서 back의 자음 ck가 뒤에 있는 낱말 앞부분에 가서 붙어 '배 컨'으로 발음된다.

2) 없어지는 소리(탈락)의 경우

hurt sometimes, hand sometimes, made these, Inside the, hurt me, words, just hold me, Next to, heartbeat, should be, lamppost, Sixth street

hurt sometimes에서 hurt의 t는 자음 r과 sometimes의 자음 s 사이에 놓이기 때문에 탈락되어 '허 섬타임즈'로 발음된다. 이와 같이 자음과 자음 사이에 놓이는 여섯 개의 파열음인 철자—k/g, p/b, t/d—사이에 놓여 탈락되는 예로 hand sometimes, hurt me, words, just hold me, heartbeat와 should be가 해당된다.

made these에서 made의 d가 these의 th- 발음 [ð]와 비슷하기 때문에 앞의 d가 탈락되어 '메이 디즈'에 가깝게 발음된다. made의 끝에 있는 모음 e는 약하게 발음되기 때문에 무시해도 될 정도이다. Inside the도 마찬가지 경우이다.

Next to에서 Next의 t와 to의 t는 같은 철자가 겹치기 때문에 앞의 t가 탈락되어 '넥스터'로 발음된다. lamppost도 마찬가지 경우이다.

Sixth street에서 Sixth의 -th 발음 [θ]와 발음이 street의 s와 발음이 비슷하기 때문에 -th가 탈락되고, x가 street의 s와 발음이 또한 비슷하여 x가 탈락되어 '시 스트리트'에 가깝게 들린다.

3) 닮는 소리(동화)의 경우

mend your, let you

mend your에서 mend의 d[d]와 your의 y[j]가 합쳐져 서로 닮아서 [ʤ]로 바뀌어 '멘쥬어'에 가깝게 발음된다. 따라서 이런 현상은 영국영어(British English) 보다 미국영어(American English)에서 자주 나타나는 현상이다.

let you에서 let의 t[t]와 you의 y[j]가 합쳐져 서로 닮아서 [tʃ]로 바뀌어 '레츄'에 가깝게 발음된다. 따라서 이런 현상은 영국영어(British English) 보다 미국영어(American English)에서 자주 나타나는 현상이다.

4) 줄어진 소리(축약)의 경우

it's, closin', time's, 'til, Holdin', won't, That's, I'm, Hearin'

be 동사의 경우인 it's, time's, That's와 I'm, 부정형인 won't가 있다.

closin'과 Hearin'에서 'in은 ing의 줄인 형태이다. 이렇게 줄이는 이유는 노래를 부를 때 ing[ɪŋ]으로 발음하기도 힘이 들지만 노래를 부르는 경우 'in[ɪn]으로 소리를 내는 것이 훨씬 부드럽게 들리기 때문이 아닐까 생각해 본다.

'til은 until의 줄어진 형태이다.

5) 주의해야 할 발음

Where, **wh**en, **wh**isper

Where, **wh**en과 **wh**isper에서 wh~로 시작되는 낱말은 'w' 뒤에 있는 'h'의 소리가 보통 들리지 않는다. 그러니까 Where는 '훼어'이라기 보다 '웨어'에 가깝게, when은 '휀'이라기 보다 '웬'에 가깝게, whisper는 '휘스퍼'라기 보다 '위스퍼'에 가깝게 발음 된다. 그러나 사람과 관련된 who, whose, whom은 예외로 'h'의 소리가 그대로 난다.

* 팝송에 들어 있는 쓸모 있는 영어 표현들

1. make us feel: **make us feel**에서 make 다음에 목적어(us)가 나오고 그 뒤에 to 부정사가 나와야 되는데 make가 강제성을 띄고 있는 경우 알몸동사(원형동사; bare infinitive)가 쓰여 to feel이 아니라 feel로 된다.

2. let you go: **let you go**의 경우도 make us feel과 같은 쓰임새이다. let과 같이 허락이나 허용을 나타내는 동사 다음에 목적어(you)가 나오고 그 뒤에 to 부정사인 to go가 나와야 되는데 알몸동사가 되어 go가 된다.

3. Hearing you whisper: **hearing you whisper**의 경우도 make us feel이나 let you 해와 같은 쓰임새이다. hear라는 감각동사 다음에 목적어(you)가 나오고 그 뒤에 to 부정사인 to whisper가 나와야 되는데 알몸동사가 되어 whisper가 된다.

4. I swear: **swear**는 '맹세하다, 선서하다, 욕을 하다'라는 뜻으로 쓰인다. 일반적으로 swear는 '맹세하다'라는 뜻으로 대부분 쓰인다. 이 낱말이 쓰인 예는 다음과 같다.

She made him **swear** not to tell anyone.
(그녀는 그에게 아무에게도 말하지 않겠다고 맹세하게 했다.)

I swear to God I had nothing to do with it.
(하느님께 맹세코 난 그것과 아무 상관이 없어요.)

He swore revenge to the man who had killed his father.
(그는 자기 아버지를 죽인 남자에 대해 복수를 맹세했다.)

기억할 만한 영어 문장

1. Loving can mend your soul.
(사랑하는 것은 당신의 영혼을 낫게 할 수 있어요.)
2. We keep this love in a photograph,
(우리는 이 사랑을 한 장의 사진 속에 간직하고 있어요.)
3. Loving is the only thing that makes us feel alive.
(사랑하는 것은 우리가 살아있다고 느끼게 하는 것도 유일한 것이지.)

* 팝송 에세이

남겨진 한 장의 빛이 바랜 사진을 바라보며 지난날들을 곰곰이 기억해낸다. 사진 속에는 아름다운 추억 이야기가 엮어져 있을 것이다. 특히 사랑하는 사이에 일어난 수많은 일들이 하나하나 그대로 때로는 희미하게 때로는 강렬하게 사진 속 모습을 통해 나타날 것이다. 추억을 더듬어낼 수 있는 장치가 한 장의 사진이긴 하지만 한 장의 사진은 동시에 파노라마처럼 수많은 사진들을 찍어낸다. 수많은 사진들은 사랑했던 시절의 이런저런 이야기들이 정지된 화면으로 남아 있는 것이다. 이 사진들을 통해 사랑하는 사람들의 사랑 이야기는 펼쳐지는 것이다.

사진을 통해 보여진 사랑의 기능은 사랑하는 것이 아플 수도 힘들 수도 있다는 것을 알지만 사랑하는 것 그 자체가 인간이 살아 있다는 것을 느끼게 만드는 유일한 증거이기 때문에 고통도 아픔도 기꺼이 받아들여야 하는 것이다. 그렇지만 사랑하는 것이 부정적인 측면의 특징만 있는 것은 아니다. 사랑의 긍정적인 기능으로 아픈 마음을 치유할 수도 있고 상처 입은 영혼을 낫게 해 줄 수 있기 때문에 우리가 죽을 때까지 우리와 함께 가져가는 것이라고 주장하는 것은 사랑만이 삶의 과정에서 소중한 가치를 갖고 있음을 이야기한다고 볼 수 있다.

사진을 통해 사랑이 확인되기 때문에 사진을 본 후 그 사진을 통해 사랑을 되찾기 위해 다시 만날 때까지 기다려달라고 요청까지 하는 것이다. 사진 속의 정지된 모습은 과거 사랑의 징표가 되고 있고, 그런 징표를 다시 행동으로 옮기기 위해 기다려 달라고 하는 것이다. 그런 사랑의 징표를 찢어진 청바지 주머니 속에 넣어 다니라고, 그리고 목걸이 안에 보관할 수 있다고 주문한다. 목걸이의 동그란 곳에 사진을 넣어서 다닐 수도 있을 것이다. 상처를 준 건 말뿐이라고 말하면서 그건 마음을 아프게 했지만 그건 별로 문제가 되지 않는다고 말한다.

아름다운 추억은 사진에 담겨질 수도 있고, 연인들의 마음에 남아 있을 수도 있다. 약간 마음 상한 일이 있었을지 모르지만 전반적으로 아름다운 사랑의 속삭임만이 남아 있을 때 사랑은 추억 만들기가 되는 것이다. 기억하고 싶은 과거는 추억거리가 될 수 있고, 그 추억거리는 아름다웠어야만 가능할 것이다.

Thinking Out Loud

Sung by Ed Sheeran

When your legs don't work like they used to before
And I can't sweep you off of your feet
Will your mouth still remember the taste of my love
Will your eyes still smile from your cheeks
And darling I will be loving you till we're 70
And baby my heart could still fall as hard at 23
And I'm thinking 'bout how people fall in love in mysterious ways
Maybe just the touch of a hand
Oh me I fall in love with you every single day
And I just wanna tell you I am

So honey now
Take me into your loving arms
Kiss me under the light of a thousand stars
Place your head on my beating heart
I'm thinking out loud
That maybe we found our love right where we are

When my hair's overgone and my memory fades
And the crowds don't remember my name
When my hands don't play the strings the same way
I know you will still love me the same
'Cause honey your soul could never grow old, it's evergreen
And baby your smile's forever in my mind and memory
I'm thinking 'bout how people fall in love in mysterious ways
Maybe it's all part of a plan
I just keep on making the same mistakes
Hoping that you'll understand

But baby now
Take me into your loving arms
Kiss me under the light of a thousand stars
Place your head on my beating heart
I'm thinking out loud
That maybe we found our love right where we are

So baby now
Take me into your loving arms
Kiss me under the light of a thousand stars
Oh darling
Place your head on my beating heart
I'm thinking out loud
That maybe we found our love right where we are
Oh maybe we found love right where we are
And we found love right where we are

생각나는 대로 말하고 있어요

에드 쉬런의 노래

당신의 다리가 예전처럼 움직이지 못할 때
그리고 내가 더 이상 당신의 사랑에 정신없이 빠져들 수 없을 때
당신의 입술은 나의 사랑의 맛을 여전히 기억할까요
당신의 눈동자가 볼에서부터 눈웃음을 지어줄까요
그리고 그대여 난 당신을 우리가 일흔 살이 될 때까지 사랑할 거예요
그리고 내 사랑이여 내 심장은 스무세 살 때처럼 여전히 쿵쾅거려요
그리고 난 사람들이 알 수 없는 방식으로 사랑에 빠지는지에 대해 생각중이에요
어쩌면 손이 한 번 살짝 닿은 것만으로도
오 난 매일 매일 당신과 사랑에 빠져요
그리고 난 당신에게 내가 누군지 말해주고 싶을 뿐이에요

그러니 사랑하는 그대여 이제
당신의 사랑스러운 품 안으로 날 데려가줘요
수많은 별 빛 아래서 내게 입맞쳐줘요
내 뛰는 가슴 위에 당신의 머리를 기대봐요
난 지금 내 생각나는 대로 말하고 있는 거에요
어쩌면 우리는 우리가 있는 곳에서 우리의 사랑을 찾았을 수도 있겠죠

내 머리카락이 다 빠지고 내 기억이 희미해질 때
그리고 사람들이 내 이름을 기억 못하게 될 때
내 손가락이 예전처럼 기타를 치지 못하게 될 때에도
난 당신이 여전히 날 사랑할 것이라는 걸 알아요
왜냐하면 그대여 그대의 영혼은 늙지 않고, 늘 푸르니까요
그리고 내 사랑이여 당신의 미소는 내 마음과 기억 속에 영원해요
난 사람들이 알 수 없는 방식으로 사랑에 빠지는지에 대해 생각중이예요
어쩌면 그건 모두 계획의 일부일지도 몰라요
난 단지 계속해서 똑같은 실수들을 범하고 있고
난 당신이 이해해주길 바래요

그러나 사랑하는 그대여 이제
당신의 사랑스러운 품 안으로 날 데려가줘요
별 빛이 쏟아지는 하늘 아래서 내게 입맞춤해줘요
내 뛰는 가슴 위에 당신의 머리를 기대봐요
난 지금 내 생각나는 대로 말하고 있는 거예요
어쩌면 우리는 우리가 있는 곳에서 우리의 사랑을 찾을 수도 있겠죠

그러니 사랑하는 그대여 이제
당신의 사랑스러운 품 안으로 날 데려가줘요
수많은 별 빛 아래서 내게 입맞춰요
오 사랑하는 그대여
내 뛰는 심장 위에 당신의 머리를 기대봐요
난 내 생각나는 대로 말하고 있는 거예요
어쩌면 우리가 있는 곳에서 우리의 사랑을 찾을 수도 있겠죠
오 어쩌면 우리가 있는 곳에서 우리의 사랑을 찾을 수도 있겠죠
그리고 우리는 우리가 있는 곳에서 우리의 사랑을 찾을 수도 있겠죠

* 영어 발음 제대로 듣거나 말하기

1) 이어지는 소리(연음)의 경우

(1) 약모음 이동

touch of a, light of a

touch of a에서 a가 약모음 [ə]가 되어 앞 낱말 끝부분에 가서 붙어 '버'로 발음된다. light of a도 마찬가지 경우이다.

(2) 자음 이동

taste of, touch of, fall in, found our, love in, it's all, keep on

taste of에서 taste의 자음 t가 뒤에 있는 낱말 앞부분에 가서 붙어 '테이스터브'로 발음된다. taste의 끝에 있는 모음 e는 약하게 발음되기 때문에 무시해도 될 정도이다. of는 [əv] 또는 [ə]로 발음된다. touch of도 마찬가지 경우이다. fall in에서 fall의 자음 ll이 뒤에 있는 낱말 앞부분에 가서 붙어 '호린'에 가깝게 발음된다. love in도 마찬가지 경우이다. found our에서 found의 자음 d가 뒤에 있는 낱말 앞부분에 가서 붙어 '화운 다우어'로 발음된다. it's all에서 it's의 자음 s가 뒤에 있는 낱말 앞부분에 가서 붙어 '이 졸'로 발음된다. keep on에서 keep의 자음 p가 뒤에 있는 낱말 앞부분에 가서 붙어 '키 펀'으로 발음된다.

2) 없어지는 소리(탈락)의 경우

don't work, heart could, just the, just wanna, Kiss, thousand stars, right here, and the, hands, could never, And baby, just keep, right where

don't work에서 don't의 t는 자음 n과 work의 자음 w 사이에 놓이기 때문에 탈락되어 '돈 웍'으로 발음된다. 이와 같이 자음과 자음 사이에 놓이는 여섯 개의 파열음인 철자—k/g, p/b, t/d—사이에 놓여 탈락되는 예로 heart could, just wanna, thousand stars, right here, hands, could never, And baby, just keep와 right where가 해당된다.

just the에서 just의 t는 the의 th- 발음 [ð]와 비슷한 발음이기 때문에 t는 탈락되어 '저스 더'에 가깝게 발음된다. and the도 마찬가지 경우이다.

wanna에서 같은 철자 nn이 겹치기 때문에 앞의 n은 탈락된다. Kiss도 마찬가지 경우 이다.

3) 닮는 소리(동화)의 경우

beating, part of

beating에서 t가 강모음과 약모음 사이에 놓이면 단타음(單打音)으로 되어 t도, d도 r도 아닌 발음이 된다. beating은 '비링'에 가깝게 발음된다. 이 소리는 한글로 정확하게 표기할 수 없으며 오직 소리로만 익힐 수밖에 없다. 특히 미국영어(American English)에서 두드러진 현상이다. lot of도 마찬가지 경우이다. part of도 마찬가지 경우이다.

4) 줄어진 소리(축약)의 경우

don't, can't, we're, I'm, hair's, 'Cause, it's, your smile's, you'll

부정형인 don't와 can't, be 동사의 경우인 we're, I'm, hair's, it's와 your smile's, 도우미동사(조동사)의 경우인 you'll이 있다. 이 가운데 you'll에서 'll이 한국인이 발음하기에 가장 힘든 경우이다. 그 이유는 'll은 will의 줄인 형태인데 'll'이 한국어에 없는 발음으로, 'l'은 혀를 입천장에 붙여서 소리를 내야 하는데, 한국어에는 이렇게 소리를 내는 것이 없기 때문이다.

'Cause는 Because의 줄어진 형태이다.

5) 주의해야 할 발음

When, **used to, can't**, **wanna**, **st**ars, **wh**ere

When과 **wh**ere에서 wh~로 시작되는 낱말은 'w' 뒤에 있는 'h'의 소리가 보통 들리지 않는다. 그러니까 When은 '휀'이라기 보다 '웬'에 가깝게, where는 '훼어'라기 보다 '웨어'에 가깝게 발음된다. 그러나 사람과 관련된 who, whose, whom은 예외로 'h'의 소리가 그대로 난다.

used to는 '~하곤 했다'라는 뜻으로 과거의 규칙적인 습관을 나타낼 때 쓰는 표현이다. used to는 '유스트 투'가 아닌 [justə]로 '유스터'에 가깝게 발음된다.

When과 **wh**ere에서 wh~로 시작되는 낱말은 'w' 뒤에 있는 'h'의 소리가 보통 들리지 않는다. 그러니까 When은 '휀'이라기 보다 '웬'에 가깝게, where는 '훼어'라기 보다 '웨어'에 가깝게 발음된다. 그러나 사람과 관련된 who, whose, whom은 예외로 'h'의 소리가 그대로 난다.

can't는 도우미동사로 기능낱말이기 때문에 약하게 발음한다. 그런데 can't 다음에 자음이 나오기 때문에 탈락되는 경우가 대부분이어서 can은 [kən]으로 can't는 [kæn]으로 발음하기로 약속이 되어 있다. 그런데 can이 문장 가운데 들어가는 경우가 [kən]으로 주로 발음되고 문장의 끝에 들어가는 경우에는 [kæn]으로 발음되는 경우가 대부분이다. can't는 기본적으로 [kæn]으로 발음되면서 can 보다 약간 길게 발음되는 경향이 있다.

wanna는 허물없이 발음하는 경우의 예이다. wanna는 want to인데 입말체에서 '완터 투'로 발음하지 않고 '와너'로 발음하고, want to로 표기가 되어 있더라고 말을 할 때는 wanna로 발음하는 경우가 대부분이다. want to에서 wanna로 바뀌는 과정은 '팝송 영어 소리를 제대로 듣는 요령'에 나와 있는 설명을 참고하기 바란다.

stars에서 s+k/p/t가 되면 된소리에 가깝게 소리가 난다. 대부분 k/p/t가 들어 간 낱말은 h가 들어가는 소리를 내게 되는데, s+k/p/t의 경우는 h 소리가 들어가지 않고 된소리에 가깝게 발음된다. 그러니까 stars는 '스따즈'에 가깝게 발음된다.

* 팝송에 들어 있는 쓸모 있는 영어 표현들

1. thinking out loud: **think out loud**는 '생각나는 대로 말하다'라는 뜻이다. '생각을 소리내어 말하다'라는 것은 '혼자서 말하다'라는 뜻으로 볼 수 있다.

   예문들은 다음과 같다.

   I'm just **thinking out loud**, that's all.

   (내가 그냥 혼자해본 말이었어, 그게 다야.)

   Don't pay any attention to me. I was thinking out loud.

   (나에게 신경 쓰지 마. 내가 혼자 해본 소리야.)

   "What?" "Oh, don't worry. I was just thinking out loud."

   ("뭐라고?" "걱정하지 마. 내가 혼자 해본 소리야.")

2. sweep you off: **sweep off**는 '쓸어[털어]내다'라는 뜻이다. 이 경우 sweep가 '쓸다[청소하다], 털다'라는 뜻이고, off는 '떨어진, 멀리로'라는 뜻이다. sweep sb off their feet는 '~를[을] 정신없이 (사랑에)빠져들게 하다'라는 뜻이다. 이것은 '~의 마음을 사로잡다, ~에게 잘 해 줘서 누구를 좋아하게 만들다, 홀딱 반하게 하다'라고 해석해도 무난할 것 같다.

   예문은 다음과 같다.

   Are you trying to **sweep** me **off** my feet?

   (당신이 날 반하게 하려는 거야?)

   We were swept off our feet over the excitement of the ceremony.

   (우리는 식전 행사의 흥분에 마음을 사로잡혔다.)

   If someone sweeps you off your feet, you fall suddenly and completely in love with them.

   (누군가가 당신의 마음을 사로잡으면, 당신은 갑자기 그리고 완전히 당신은 누군가와 깊은 사랑에 빠진다.)

3. darling: **darling**은 '그대여, 사랑하는 이여, 여보' 등의 의미로 사용된다. 그 다음에 나오는 baby나 honey와 같은 뜻인데 표현을 약간씩 달리한다고 볼 수 있다.

4. 'bout: 이것은 **about**인데 a가 약한 모음이기 때문에 아포스트로피(')를 찍고 소리를 내지 않는다.

5. keep on making: **keep on ~ing**는 '(~을[를]) 계속하다[반복하다], 계속해서 ~하다'라는 뜻이다. 같은 뜻으로 keep ~ing도 함께 쓰인다. 그런데 쓰이는 등장 횟수로 보면 keep ~ing의 경우가 더 많은 것 같다. 예문들은 다음과 같다.

Keep smiling!
(계속 웃어!)

Don't keep on interrupting me!
(내 말하는 데 자꾸 끼어들지 마!)

I don't like being in a rut - I like to keep moving on.
(나는 판에 박히는 것이 싫다. 계속 움직이는 것이 좋다.)

기억할 만한 영어 문장

1. Take me into your loving arms.
   (당신의 사랑스러운 품 안으로 날 데려가줘요.)
2. Kiss me under the light of a thousand stars.
   (별 빛이 쏟아지는 하늘 아래서 내게 키스해줘요.)
3. Will your mouth still remember the taste of my love?
   (당신의 입술은 나의 사랑의 맛을 여전히 기억할까요?)

* 팝송 에세이

사랑은 무슨 색깔일까? 사랑은 어떤 모습일까? 사랑은 어떻게 보여주고 표현해야 될까? 사랑을 영원히 간직하는 방법을 무엇일까? 사랑은 어떻게 되찾을 수 있을까? 인간의 삶에 있어서 가장 소중한 가치가 사랑임에도 불구하고 사랑의 다양한 얼굴을 읽어내는데 어려움이 뒤따른다. 기껏해야 각자의 방식으로 생각하면서 이해하고 행동으로 옮기는 것은 아닐지? "사랑을 외면하는 것은 영혼이 사막지대로 들어서는 것과 같다"라고 누군가가 이야기했듯이 우리의 삶에 있어서 사랑과 분리시켜 생각할 수 없는 것이다. 사랑만이 우리의 삶을 올바른 방향으로 이끌어 나갈 수 있는 원동력이 될 것이다. 다양한 관계에서 사랑은 삶의 원동력이면서 동시에 사랑이 결핍되는 경우에는 여러 가지 문제점도 일어나고 있음을 우리는 매일매일 접하고 있는 것이다.

사랑은 믿음에서 시작되는 것은 아닐까? "내 머리카락이 다 빠지고 내 기억이 희미해질 때 / 그리고 사람들이 내 이름을 기억 못하게 될 때 / 내 손가락이 예전처럼 기타를 치지 못하게 될 때에도 / 난 당신이 여전히 날 사랑할 것이라는 걸 알아요"라는 데서 알 수 있듯이 사랑은 멀쩡할 때에서 힘들고 병들고 나약할 때에도 사랑은 상황이나 조건에 관계가 없이 지속되어야 함을 강조하고 있는 것이다. 비록 사랑을 표현 방식이 극도의 쾌감을 제공해주지 않는다 할지라고 살짝 만져 주고, 입맞춤 해주고, 상대방 가슴에 기댈 수 있고, 눈웃음을 지어주고, 품에 안아주는 정도만으로도 사랑은 충분히 표현될 수 있다고 여긴다. 사랑은 나이에 관계가 없이 세월의 흐름에 관계가 없이 지속되고 있음을 스무세 살 때의 감정이 일흔 살이 될 때까지 이어질 수 있다고 말하기도 한다. 나이 차이가 많이 나는 경우의 사랑관계를 색다른 눈으로 바라보기도 하지만, 이 노래에서는 한 대상에 대한 사랑이 젊었을 때나 나이가 들었을 때나 변함이 없다는 사랑의 영원성을 이야기하고 있다.

사랑은 한 개인이 다른 개인에게 온전히 맡길 수 있을 때 시작될 수 있다. 사랑의 과정에서 어려움이 일어날 수 있다. 그렇지만 그 어려움을 이겨내고 사랑을 얻었을 때의 기쁨은 다른 어떤 것으로도 바꾸어 표현할 수 없을 것이다. 사랑을 하다 보면 때로는 욕망의 덫에 걸리기도 하고 사소한 감정에 휩쓸리기도 하고 들떠 있기도 하지만 그게 전부가 아님을 사랑하는 사람은 안다. 사랑은 한 순간에 끝나는 것이 아니라 오랫동안 지속되는 특징을 갖고 있기 때문이다. 그렇기 때문에 사랑을 하는 경우에는 끈질김과 인내심이 늘 필요한 것이다.

찾아보기